I cons 知人

胶囊式传记 记取一个天才的灵魂

YVES KLEIN
NUIT BANAI

伊夫·克莱因

〔英〕努特·巴奈 著　　张雨轩 译

上海文艺出版社

目录

导论:作为悖论的克莱因 　　　　　　　　001

1 转轴上的生活:布尔乔亚与波西米亚,
  1928—1948 　　　　　　　　　　　　017

2 找寻自我:成为一个柔道家/艺术家,
  1948—1952 　　　　　　　　　　　　041

3 预备姿势:黑带四段　伊夫·克莱因,
  1952—1954 　　　　　　　　　　　　063

4 画家,1954—1955 　　　　　　　　　 081

5 先锋艺术家,1955—1957 　　　　　　 093

6 江湖术士,1957—1958 　　　　　　　 117

7 合作者,1957—1961 　　　　　　　　 141

8　中产阶级神秘主义，1958—1962　　　　171

9　诗人政治家："蓝色革命"，
　　1958—1961　　　　　　　　　　　195

10　飞翔的法西斯主义者，1961　　　　211

11　表演家，1961—1962　　　　　　　233

后世　　　　　　　　　　　　　　　　245

导论：作为悖论的克莱因

我的画作再现了诗性事件，或者，更确切地说，再现了一种不变的凝视。一种对运动和自由生命之特殊本质的沉默与凝视，一种绘画时刻中诗的火焰。而我的画作，正是我的艺术燃烧之后所飘落的"灰烬"。[1]

一个画家必须创作一幅独立的杰作——永恒的他自己。于是他也因此成为一种核能电池，一种持续放电的发电机。他所到之处整个空气都要浸满了他的绘画存在。[2]

1962年5月，在一系列不合常理或者在某种程度上类似于达达主义的事件中，西班牙加泰罗尼亚艺术家胡安·米罗（Joan Miró）将伊夫·克莱因（Yves Klein）同美国抽象派表现主义艺术家弗朗兹·克莱恩（Franz Kline）搞混了。他给克莱因的年轻妻子

---

[1] 伊夫·克莱因（Yves Klein），"单色冒险"，《克服艺术难题：伊夫·克莱因的著作》，克劳斯·奥特曼（Klaus Ottmann）译（康涅狄格州帕特南，2007年），第143页。
[2] 伊夫·克莱因（Yves Klein），"《1957年我的日记》的一些摘录"，《克服艺术难题》，第14页。

罗特劳特·约克（Rotraut Uecker）寄去了一封吊唁信。他以为克莱因已经"去世"了。实际上，5月13日在纽约去世的是克莱恩，而非克莱因。这就留给了克莱因一个哭笑不得的任务。他在6月2日给米罗回信，告知并安慰米罗自己"确实还活着"。[1] 但在四天后，这位年仅34岁的"少年得志"的法国艺术家，在他位于巴黎第一运动街的公寓中，因心脏病突发而溘然长逝。这让许多人感到惊奇，在他们看来，或许这只是克莱因最有锐度的一次表演而已。

克莱因，是画家夫妇玛丽·约瑟芬·雷蒙德（Marie Joséphine Raymond）和弗雷德里希·弗朗兹·阿尔伯特·克莱因（Friedrich Franz Albert Klein）的独子。如果考虑到他那奇观般的事业所造成的诸多争议，人们不难想象，克莱因确实可能会用假死来制造轰动。比如，他声称是自己"发明"了单色画，即使单色画在四十多年前俄罗斯先锋派的创作中早已出现，并且在二战后由艺术家，诸如法国的克劳德·贝勒加德（Claude Bellegarde）和埃尔斯沃斯·凯利（Ellsworth Kelly），美国的罗伯特·劳森伯格（Robert Rauschenberg）和莱因哈特（Ad Reinhardt），意大利的卢齐欧·封塔纳（Lucio Fontana）和皮耶罗·曼佐尼（Piero Manzoni）等人各自独立重新再现。再比如1957年他在米

---

[1] 伊夫·克莱因对琼·米罗（Joan Miró）的回应被西德拉·斯蒂奇（Sidra Stich）引用，《伊夫·克莱因》，展览目录，科隆路德维希博物馆和杜塞尔多夫的诺德·威斯特法伦艺术博物馆（斯图加特，1990年），第277页，73号。

兰的阿波利奈尔美术馆（Galleria Apollinaire）的那次"臭名昭著"的展览——《蓝色纪元》（Epoca Blu），在这次展览中，克莱因展出了十一幅完全相同的蓝色单色画，并在事后声称他以不同的价格售出了其中的一部分。一年以后，也就是1958年，克莱因通过展出"无"而让公众惊愕。在巴黎的伊利斯·克莱尔画廊（Galerie Iris Clert），被克莱因称为《虚空》（The Void）的这次展览，以一间清空所有传统物品的粉刷全白的空房间为展出对象。在1960年的《跃入虚空》（Leap into the Void）事件中，他那声名狼藉的"骗子"形象彻底凝固在公众心中。这位艺术家通过一幅照片，呈现了一次反重力的跳跃，以及将自己悬浮在空中的壮举。1960年的《人体绘画》（Anthropometries）让公众更加不满。在巴黎最有名的艺术场馆国际当代艺术画廊（Galerie Internationale d'Art Contemporain），身着晚礼服的克莱因，在演奏着《单色交响曲》的乐团的伴奏下，指挥一群涂满其标志性蓝色颜料的裸体女模特，在地板上用她们的身体作画，以留下带有个人身体印记的抽象图案。有着如此"丰富多彩"的个人历史，难怪人们会认为克莱因的突然死亡也许不过是为了虚假宣传而对资产阶级生活惯例的另一次公然滥用。

对于克莱因死讯的猜疑，正是其人生的诸多症候之一。与此同时，他那高傲的故作姿态及其对于"令人恼怒的完全自觉的非自然"的坚定推崇，塑造了他在其同时代的接受情况,并持续不断地影响着他死后的评价。[1] 对于一些人来说,克莱因那多变的身份是其天才的创造,同时也是其先锋艺术成就的坚实证明。但是对另一些人来说,克莱因那显而易见的虚假,以及他那无法维持稳定的人格,为他整个艺术实践都蒙上了一层阴影。他最亲密的圈内至交认为,克莱因生活中的虚构和编造是其整体性格中的一部分。他的密友,阿尔芒(Arman)认为:"伊夫……是一个彻头彻尾的'说谎癖'。他会想象自己做了一些事情,可事实上他根本没做……凡是他幻想过的,他都觉得自己已经做了。"[2] 他的长期伴侣和合作伙伴,伯纳黛特·阿兰(Bernadette Allain),以这种方式形容他:"他拥有一种生活在想象中的惊人能力。这样讲或许非常幼稚,但是他真的生活在想象中。"[3] 而与他同时代的艺术家,不管是在欧洲还是在美国,比如皮耶罗·曼佐尼(Piero Manzoni)、让·丁格利(Jean Tinguely)、昆特·约克(Günther Uecker)、拉里·里弗斯(Larry Rivers)等人,都认可了他们所感知到的克莱因。在他们看来,克莱因那超强的可延展性,及其对于市场、品牌和影像操纵所具有的可怕力量的深入洞

---

[1] 伊夫·克莱因(Yves Klein),"真相成为现实",《克服艺术难题》,第190页。
[2] 维珍妮·德·考蒙(Virginie de Caumont),"阿尔芒访谈",于1981年1月15日在巴黎举行,历史展览(10.120),第7页。德克萨斯州休斯顿,梅尼尔收藏档案馆。
[3] 维珍妮·德·考蒙(Virginie de Caumont),"对伯纳黛特·阿兰的采访",1980年5月22日,米隆拉沙佩尔,历史展览(10.120),第2页。梅尼尔收藏档案馆。

察,与大众文化以及美学日益紧密的纠缠到了一起。而在另外一些观点看来,比如北美批评家杰克·克罗尔(Jack Kroll)、约翰·卡纳迪(John Canaday),欧洲批评家克劳德·里维埃(Claude Rivière)等人,他们力图避免政治斗争式地将克莱因的个人形象同其艺术概念相混合。他们想要寻找一个明确的定位,而不是沉浸于悖论之中。但是,他们发现,在克莱因变幻不定的多样策略中,他们很难实现自己的目的。这些策略包括,但又不能简单地化约为以下几方面:他那不真诚的往往非常夸张的"恶作剧",及其最真诚的宗教信念;他对于超验哲学,比如禅宗和玫瑰十字会宇宙论的虔诚,及其非常拜物的布尔乔亚生活方式;他对于自身原创性的极度坚持,及其文章中肆无忌惮地对于欧仁·德拉克洛瓦(Eugène Delacroix)、马克斯·海因德尔(Max Heindel)、加斯东·巴什拉(Gaston Bachelard)等人的剽窃;吸收现代主义的重要范式作为自己的作品,最著名的是单色画;对于大批量生产的执迷不悟,小资产阶级般的对于"刻奇"的迎合。问题在于:克莱因何以能够为一种已经现存的蓝色颜料(国际克莱因蓝)申请专利呢?毕竟,在乔托(Giotto)和马拉美(Stéphane Mallarmé)的艺术世界里这种色彩已经被广泛使用了。与此同时,他又何以要求艺术家们放弃他们的个体自我转而去同别的个体合作呢?他是如何能够合法地将"无形空间的图像感知"以一千克黄金的价格售出?又何以既能作为保守主义的塞巴斯蒂安骑士团的一员,又能成为一位先锋艺术家呢?为了理解克莱因这短暂但又恢弘的一生,组成其艺术和人生的悖论性因素大多都已经被剖析、压缩和细分为研究的不同领域。但实际上,孤立地对这些因素进行研究并不能实现澄清克莱因的目的。

他的主要支持者,艺术批评家皮埃尔·雷斯塔尼(Pierre Restany),认为克莱因是新现实主义(Nouveaux Réalistes)运动中最重要的人物。新现实主义,也是一种短暂存在的新达达主义,于1960年10月27日在克莱因的公寓中,由雷斯塔尼以及其他九位新兴艺术家发起和推动。为了实现其新现实主义"以崭新方式感知现实"的意图,雷斯塔尼着重强调了克莱因作品中的精神性和神秘主义维度,并将之同战后法国经济繁荣所蕴含的乌托邦可能性相结合。雷斯塔尼和克莱因之间的共生关系既帮助了这位艺术家,也帮助了这位批评家。很难想象,如果没有雷斯塔尼的文章,克莱因该如何获得国际声誉。与此同时,如果没有克莱因的作品,雷斯塔尼又该如何成为那一代艺术批评家中的佼佼者呢?[1] 最近几年,为了弄清楚他们之间到底是谁影响谁,并且这些影响究竟发生在什么时候,有许多研究都指向了他们之间的灰色地带。不过,事实证明,克莱因和雷斯塔尼之间的思想——不管有多么不同,都是

---

1 见尼古拉·夏莱(Nicholas Charlet),《伊夫·克莱因的著作》(巴黎,2005年),第77页。

共同形成的。在他们人生的塑形期,这种共同性帮助了他们提炼各自的哲学并推动了他们各自事业的发展。[1] 当雷斯塔尼的艺术批评事业终于扩展到欧洲和美国的一些别的艺术家和建筑家时,克莱因始终是他的"前理解"。当然,非常重要的一点是,克莱因并非雷斯塔尼的"创造",他不是一个只会忠贞不贰地表达和吹嘘这位批评家思想的弄臣。另一方面,如果这位艺术家没有独自支撑自己的事业,并且提出那些主要设想和概念的话,雷斯塔尼也无法围绕克莱因建构如此庞大的理论大厦。

1959年,在他31岁那年,克莱因着手写作他最著名的一篇文章《克服艺术难题》(*Overcoming the Problematics of Art*)。在这篇文章中,他发出这样的宣言:

> 这样写或者这样说都是不充分的,即"我已经克服了艺术的难题"。但这样做是必要的,我已经这样做了。绘画已不再是眼睛的功能。绘画是一种我们不会在自身之中进行的事情,即我们的生活的功能。[2]

对雷斯塔尼来说,克莱因的这种消除艺术与生活界限的先锋派主张,可以归入关于新现实主义作为战后达达主

---

1 克劳斯·奥特曼(Klaus Ottmann)认为,雷斯塔尼和克莱因对达达和新现实运动之间的关系并没有一视同仁:请见《伊夫·克莱因自己:他的生活和思想》(巴黎,2010年),第339页。
2 伊夫·克莱因(Yves Klein),"克服艺术难题",《克服艺术难题》,第45页。

义复苏象征,以及新现实主义"作为一种崭新表现方式的基本元素"这一现成品艺术中心地位的理论论争的一部分。[1] 而作为一种"后知后觉",我们还可以将这位艺术家的声明同另外一种主张相联系:他用非艺术实践所精心建构的一种关联性,及其极具煽动性的写作,不仅让他成了一位通过生活的复杂性消解艺术自律的先锋艺术家,同时,还深刻地改变了他自己的生活,使之深深地嵌入他的审美人格之中。

这种情况导致了各种各样的解释难题。其中最引人注目的是,克莱因的写作究竟应该被视为一种无可辩驳的经验材料,还是应该被视为一种荒谬的虚构,又或者是一种美学表征呢?当他去世的时候,他留下了许多能够流传于后世的物品:私密日记、相册专辑、个人和专业通信、关于他的展览的新闻杂志、表格图解和草稿、影片以及论说文集。如果他的画作,同他所有别的艺术作品、艺术实践和艺术声明一起,都是他的艺术燃烧之后的"灰烬",没有任何独立的意义,那么,在这个历史王国中有什么是我们能用来分析克莱因的呢?就本书而言,我们该拿什么来严丝合缝地重组其人生,并回溯性地校订其人生轨迹呢?与此同时,我们该怎样决定我们的传记策略,是对克莱因那断片式的散文给予更多的阐释比重,还是对接受情况进行

---

1 皮埃尔·雷斯塔尼(Pierre Restany),"1961年5月,在达达之上的40度,巴黎(第二宣言)",《从另一面艺术看新现实主义》(尼姆,2000年),第39页。

更广泛的考察呢？"神话"和"个人"之间的张力，也许是一种始终与阐释进程相伴的方法论谜题。不过，由于克莱因有意识地去操控他的艺术实践同其个人生活之间的关联，同时还由于他开始进行艺术创作的时间在他短暂的一生中相对较晚。这些都使得克莱因成为一个尤为棘手的难题。克莱因全部的创作都集中于1954年到1962年之间，或者说，都是在其26岁至34岁之间。然而，在他的传记中，大部分关键概念都与其早年成长过程中所深深着迷的天主教思想、玫瑰十字会的炼金术以及佛教的禅宗有关。大体上讲，由于其艺术事业的短暂，对于克莱因的普遍理解都是基于以下两点：一是对这位艺术家所信奉和坚持的宗教信念以及哲学体系是如何塑造其艺术作品的方式的分析，二是对围绕其作品的克莱因的写作"星丛"的分析。

正如从二十世纪五十年代中期一直到克莱因去世都垄断着对克莱因的阐释的雷斯塔尼一样，在2003年，许多人都采用了这位艺术家在精神和超验上的主张，并以此作为理解其作品的无可争议的切入点。在那些克莱因被刻板地描述为是一个神秘主义者、一个预言家、一个梦想家的年代，一个人要么完全超越他的时代，要么只能以某种方式存在于超常洞察力的特权空间之中。[1] 不过，近年来，一些学者开始试图将克莱因的艺术作品同其文本相剥离，将

---

[1] 基纳斯顿·麦克希恩（Kynaston McShine），"伊夫·克莱因"，出自《伊夫·克莱因》，展览目录，纽约犹太博物馆（1967年），第7—9页。

克莱因的艺术作品和思想作品视为两个平等的独立领域进行分析。而另外也有一些学者尝试通过将他的艺术创作同他所处时代的其他艺术家、思想史脉络以及历史语境相联系，来拓展克莱因自我圈定的美学世界。[1] 另外，还有一些学者将克莱因的混合艺术创作同二十世纪五十年代至六十年代之间出现的几乎每一个美学运动相联系，包括行为艺术、身体艺术、偶发艺术、地景艺术、极简艺术、概念艺术、装置艺术等。[2] 在这个意义上，处于战后时期的克莱因作为一个关键角色，嵌入了"旧"先锋派和新先锋派之间的长期争辩之中。在二十世纪七十年代中叶，德国著名理论家彼得·比格尔（Peter Bürger）提出，对于先锋派策略及其视觉范式（现成品艺术、装置艺术、单色画）的"复活"的定位，是战后背景下艺术理论亟待解决的首要问题。对于比格尔来说，二十世纪五十年代至六十年代之间的新先锋派的无效，比如克莱因和安迪·沃霍尔，源于他们放弃了在资本主义社会取消艺术自律的批判计划，并将这种整合投身于生活实践当中。另一方面，根据比格尔，新先锋派在艺术的体制化过程中变得更加复杂，并且，更糟糕的是，他们这样做所使用的，正是历史上的先锋派的策略和技术。从这一观点出发，现代主义革命事业的顶点

---

[1] 凯拉·卡巴尼亚斯（Kaira M. Cabañas），《法国运动的神话：战后法国的艺术与表演》（康涅狄格州纽黑文，2013年）。
[2] 伊夫·克莱因，展览目录，锡恩美术馆，法兰克福和古根海姆博物馆，毕尔巴鄂（鲁伊特，2004年）。

只能位于历史上的先锋艺术家的艺术实践之中,比如马歇尔·杜尚(Marcel Duchamp)、巴勃罗·毕加索(Pablo Picasso)、亚历山大·罗德琴科(Aleksandr Rodchenko)、勒内·马格利特(René Magritte)、约翰·哈特菲尔德(John Heartfield)。与此同时,战后的一切艺术实践都堕落为丧失批判能力的大众文化的狂欢。[1] 如果比格尔对克莱因的那令人沮丧的诊断已经成了一个严厉批评的主题,那么这本批判性的传记将在此基础上,探讨以下问题:战后艺术生产的关联性,以及克莱因在一些新的美学概念的创造中的关键地位。[2] 这里我们不是将克莱因作为先锋派艺术的堕落之最终完成的"殿军",而是尊重他作为新一代艺术家佼佼者的地位。在法兰克福、洛杉矶、伦敦、巴黎和华盛顿等地的诸多展览,为从根本上理解克莱因提供了更多的精细概念,克莱因的复杂性也因此被国际艺术组织、策展人和学者所认可。在这些新的理解路径中,可以毫不夸张地说,克莱因及其艺术实践深刻地改变了艺术领域。他主动断绝了同二十世纪早期流行的所有现代主义范畴的联系,并在艺术和生活之间开发出了一条可行的通道。他所采用的言行合一但又充满悖论的方式,推动了后现代主义的出现,同时也成了当代社会的一种典型。以这种新的身份,

---

[1] 彼得·比格尔(Peter Bürger),《先锋理论》,迈克尔·肖(Michael Shaw)译(明尼苏达州明尼阿波利斯,1984年)。
[2] 本雅明·D. 布赫洛(Benjamin H. D. Buchloh),"将先锋理论化",《美国艺术》(1984年),第19页。

克莱因成了正在为当下创造诸多可能性的后工业社会的化身。

毫无疑问，克莱因属于他的历史时刻。正如本书所提示的那样，在法国漫长的二十世纪六十年代，克莱因独自提供了一套解决那个时代的艺术和历史问题的方案。他的方案超越了新现实主义视界，同时也被他同时代的许多艺术家所分享。在他拆解和取消艺术作品的唯一性和整体性的尝试中，他也在试图将自己的意图拓展到宣传、展览、表演、介入、建筑、影视、语言以及一些别的成文或不成文的话语秩序之中。他不仅是在寻找一种别样的艺术定义，也是在为艺术家以及他那永远难以把握的公众提供另一种身份。或许他最重要的遗产之一，就是他那用他自己的身份所编织而成的美学计划。在他生命的诸多时刻，他主动将自己包装成多种身份：布尔乔亚分子、柔道家、画家、先锋艺术家、江湖术士、合作者、政治家、诗人、中产阶级神秘主义者、法西斯主义者，以及他在人生最后阶段时的表演家。通过复杂的意义循环，克莱因完成了以下两种同步：神秘学信念体系和实用主义商业经济的同步，乌托邦式的先锋艺术家谱系与制度化的、官僚化的、奇观化的消费文化的同步。当然，这并不是说克莱因在不同的身份之间进行转换的时候没有任何顾虑和不适，而是说，他在塑造自己艺术家身份和公众身份的时候所依据的正是一种悖论。

法国当代理论家罗兰·巴特（Roland Barthes）的著作为我们阐明克莱因的悖论倾向提供了非常重要的理论武器。不管是克莱因塑造自己身份的方式，还是他向公众宣传自己的方式，在巴特的理论中都能找到有效解读。如果我们对克莱因的身份运作始终保持注意，我们会发现他的策略同巴特对摄影的定义非常相近。[1] 在巴特看来，摄影术是两个相互竞争的范畴（自主结构和偶然结构）得以互相补充和合作的中介。在这个框架下，可以非常清楚地看到，克莱因在同他的身份进行沟通的时候，他自己就如同是一个"图像信息"——一个在文本现实中获得意义，同时也在一种文化和社会上的离散编码中操作的图像。在理解克莱因身份的问题上遵循巴特的思路，将会非常富有成效。克莱因的身份同其特定的传记经验相联结，但同时又被转化成为一种高度隐秘的形象，其意义星丛由一种补充机制所塑造。

在此意义上，让克莱因变得如此重要的是他那融合两种信息模式的能力（文本信息和非文本信息），而在巴特的术语中则是"图像悖论"。根据巴特的洞见，我们需要超越将克莱因身份视为一种符号信息（真实的，"自然"的传记，或者文本的）和隐含信息（虚构的，"文化"的人格形象，或者非文本的）之间简单结合的理解。从这一点出发，

---

[1] 罗兰·巴特（Roland Barthes），"图像信息"，《图像，音乐，文本和反式》。史蒂芬·希思（Stephen Heath）（纽约，1977年），第15—31页。

或许我们可以认为,克莱因对待自己身份的"自然"方面和"文化"方面的方式,就如同一种能够被装配、拆解、再装配,而后成为一种分类图像的漂浮编码或任意的能指链条。更有甚者,他的身份既不是被给定的,也不是统一的,而是存在于制造它们的经验中。由于这些原因,克莱因通过多重过滤、催化、交易体系和中介渠道,最终"说"出了他"自己",并因此被认为和视作一位艺术家。在这种述行逻辑里,克莱因不仅将战后的诸多乱象凝结在一起,还为当代艺术家的评判提供了一种标准。对于克莱因来说,艺术家的身份并不是"自然的""真实的"或者"确定的",而是由实践事件所组成的美学发明。尽管当代艺术家博伊斯(Joseph Beuys)和沃霍尔(Andy Warhol)已经在西德和美国进行了类似的现代主义艺术解构实践,但克莱因对其悖论身份和述行逻辑的操演,还是使得他在这方面成了一个关键课题。

于是,本书的任务就在于将克莱因那多样和多变的美学人格推向前台的同时,也为其人生提供一种述解。当然,由于克莱因多重人格之间的转换并不以一种非常清晰和明确的编年顺序展开,而是以不同的强度混合在他整个人生的多个阶段。所以,要实现这一任务是很有挑战性的。为了处理克莱因的这种无规则的易变性,我不得不将时间暂停以捕捉其某一静止姿态,同时给出一个他的主要特定身份,以匹配其所处的人生阶段同其主要艺术作品之间的纠缠。希望我的这一"暂停艺术"不会妨碍读者使用手中的"万花筒"来观察克莱因——这种整体形象中暂时的五光十色的身份，只能通过一些既有的不稳定的和发光的材料碎片来重塑。

1 转轴上的生活：
布尔乔亚与波西米亚，1928—1948

> 为了规训自己，
>
> 要将自己视为一个信徒，
>
> 而将自己视为一个信徒，是为了辨识出，
>
> 我和自己是两个……[1]

1958年，法国杂志《艺术》在一次访谈之后这样描述克莱因所回忆的童年生活："我出生在一个绘画世家，还在襁褓之中就已经显示出了对于绘画的审美趣味。"[2] 这种类似陈词滥调的童年神话，在艺术界传记的书写中似乎经常可以见到。不过，对克莱因而言，他所提及的这一切都是实实在在的。尽管他也认

---

[1] 伊夫·克莱因 (Yves Klein)，"艺术"，《超越艺术和其他著作的问题》，玛丽-安妮·西歇尔 (Marie-Anne Sichère) 和迪迪埃·塞米 (Didier Semin) 编（巴黎，2003年），第26页。
[2] 西德拉·斯蒂奇 (Sidra Stich)，《伊夫·克莱因》，展览目录，德国科隆路德维希博物馆和杜塞尔多夫艺术博物馆，北莱茵-威斯特法伦州（斯图加特，1990年），第13页。

可了"单色者伊夫"这个江湖称号,但是他从小接受的艺术家式的教养和熏陶,既不单调,也不暗淡。1928年4月28日,克莱因出生在位于尼斯威尔第大街的外祖父家中。虽然在物质上相对舒适安稳,但他的早年生活却是被一系列矛盾因素所形塑。1928年到1948年,在这二十年当中,他不仅生长在地理层面南方与北方相分割的轴线上,还生活在政治层面以及文化层面的轴线上。而其中,尤其具有深远意义的是从他父母那里得到的波西米亚生活方式与从他姨妈罗斯那里所获得的布尔乔亚人生理念之间的拉扯。

他的妈妈,玛丽·约瑟芬·雷蒙德(Marie Josephine Raymond, 1908—1989),是皮埃尔·保罗·雷蒙德(Pierre Paul Raymond)和珍妮·艾米丽·雷蒙德(Jeanne Emilie Raymond)的两个女儿中最小的那个,出生在滨海阿尔卑斯省的一个位于卢普河畔拉科尔的乡村小镇。玛丽·雷蒙德和她的姐姐罗斯·雷蒙德(Rose Raymond, 1902—1993)一起,在尼斯的一个中产阶级社区里长大。她们所住的公寓下面有一家属于她们父亲的药房。玛丽和罗斯的祖父靠向离香水之都格拉斯不远的一个小镇上的香水工厂发售鲜花起家。十五岁那年,在紧靠地中海卡涅的一个滨海村落里,通过同艺术家亚历山大·斯道普勒(Alexandre Stoppler)的一次偶然邂逅,玛丽找到了她的人生使命。当时,罗斯和她的第一任丈夫,一个对于印度教和瑜伽有着浓重兴趣的医生,在接到一个家庭求救电话之后,便前去医治患病的斯道普勒,而他们也把玛丽给带上了。如同在她之前的奥古斯特·雷诺阿(Auguste Renoir)、柴姆·苏丁(Chaim Soutine)、阿梅代奥·莫迪利亚尼(Amedeo Modigliani)一样,玛丽也被这片滨海地区光芒四射的美丽景观所迷住。当他们返回尼斯的时候,玛丽·雷蒙德已经画出了整整一盒画。在父母的允许下,她和斯托帕德一起每周上一次绘画课,并在接下来的那个暑假独自前往滨海卡涅旅行采风。也正是在卡涅的海滨,在1925年的一个户外派对上,她遇到了她的未来伴侣——费雷德。

弗雷德里希·弗朗兹·阿尔伯特·克莱因(Friedrich Franz Albert Klein,1898—1990),又被称为弗雷德或者弗雷兹,出生在当时属于荷属东印度一部分的印度尼西亚的万隆。弗雷德里希·弗朗兹·阿尔伯特·克莱因的父亲,一个拥有荷兰国籍、来自汉堡的德国后裔,在当地的一家种植园工作。在那里他娶了一个名叫艾玛·夏洛特·克莱因(Emma Charlotte Klein)的爪哇血统女性为妻。不过,在费雷德出生之前十天,他的父亲突然离开了人世之后,他的妈妈改嫁给了另外一个荷兰殖民者,来自弗里斯的雅各布·鲁洛夫(Jacob Roelof)。正是他的这位继父,将文森特·梵高(Vincent Van Gogh)、瓦西里·康定斯基(Wassily Kandinsky)和保罗·克利(Paul Klee)的艺术作品介绍给了费雷德。[1] 当弗雷德刚满六岁的时候，他和他的妹妹们被送到了霍德兰生活。后来，当他的继父去世，他们又举家搬迁到了鹿特丹。这就使得弗雷德能够有机会在海牙的皇家艺术学院实现自己的艺术理想。1920年，弗雷德来到了巴黎，开始同安德烈·洛特（André Lhote）这位立体主义（Cubism）的早期拥趸，在大茅舍艺术学院（Académie de la Grande Chaumière）这个由瑞士画家玛莎·斯泰特勒（Martha Stettler）创办的吸引了众多外籍艺术家的艺术学校，一起学习美术。在1924年，他到滨海卡涅旅行，在拉古莱特港（La Goulette）购置了一个已经废旧的建筑，并将那里改造成为自己的住所和工作室。

1926年10月26日，就在他们第一次见面之后一年多一点，玛丽和弗雷德结婚了，他们搬到了位于巴黎塞纳河左岸蒙帕纳斯的一家工作室。同时在那栋楼里工作的，还有彼埃·蒙德里安（Piet Mondrian）。之后，或许是为了节省医疗费用，他们搬回了尼斯，静候他们的独子呱呱坠地，并将所有的事务托付给罗斯的丈夫主持。然而，这对夫妇只同他们的宝贝儿子在一起生活了几个月的时间，就决定重返巴黎以支持弗雷德蓬勃发展的事业。作为一个小有名气的写实主义画家，1930年弗雷德在阿姆斯特丹的法国艺

---

[1] 关于弗雷德·克莱因（Fred Klein）的传记资料很少，关于他的家谱的说法也有矛盾。见安妮特·卡恩（Annette Kahn），《伊夫·克莱因：蓝色世界》（巴黎，2000年），第12—13页。

术画廊举办了他个人的首次作品展。也正是在这一年,弗雷德在巴黎的密涅瓦画廊(Galerie Minerve)的个展引起了当地的轰动。这对夫妇开始在巴黎的波西米亚圈日渐活跃和知名。在一些咖啡馆,比如丁香园咖啡馆(La Closerie des Lilas)和圆顶咖啡馆(La Coupole),他们开始同巴黎的艺术家们,诸如奥古斯特·赫宾(Auguste Herbin)、雅克·维隆(Jacques Villon)等人逐渐熟识起来。在后来的追忆中,玛丽还时常想起在杜姆酒店(Le Dôme)这个位于巴黎塞纳河左岸蒙帕纳斯著名的艺术家和知识分子的集会场所,同她的邻居彼埃·蒙德里安(Piet Mondrian)一起跳舞的美好时光。

童年克莱因在尼斯生活的头两年,是由他的外祖父母和姨妈罗斯抚养的,他们亲切地将小克莱因称为"拉顿"(Raton,小老鼠),他也亲切地将他的姨妈喊作"坦丁"(Tantine,姨妈)。罗斯·加里佩里尼(Rose Gasperini)是一位虔诚的天主教徒,她一生未曾生育。同她那并不循规蹈矩的妹妹相比,她在经济上有着更强的实力。在克莱因出生之后的那段日子,罗斯刚好结束了她的婚姻,对于这位外甥,她的母亲般的关怀和疼爱是显而易见的,她也非常乐意去成为溺爱克莱因的第二母亲。罗斯不仅为克莱因提供了最坚实的物质保障,并且包容了小克莱因所有的任性胡闹。在罗斯的抚养照料下,晚间祷告,礼拜日弥撒,信奉圣丽塔(St Rita,在法国南部有着非常多追随者的末日圣徒）等宗教信仰行为成了小克莱因日常生活中必不可少的一部分。姨妈罗斯的生活方式同时也为克莱因埋下了在他父母那里所无法得到的根深蒂固的布尔乔亚思想观念的种子。"正是她，在克莱因的生命中每次需要帮助的时候，都会出现在他身边伸出援手，也正是在罗斯的身边，克莱因才能再次为他自己找到坚实的根基。"[1]

罗斯非常慷慨地给克莱因买了很多他父母支付不起的礼物，这也导致了她和玛丽的不时争吵。在玛丽看来，罗斯在试图"将她的儿子买走"。[2] 事实上，每一个克莱因的传记作者，包括托马斯·麦克埃维利（Thomas McEvilley）、西德拉·斯蒂奇（Sidra Stich）以及安妮特·卡恩（Annette Kahn），都认为这两位截然不同的母亲形象对于少年克莱因而言是一把双刃剑。同生母玛丽一起生活的时候，克莱因获得了最大程度的自由，他可以在卡涅的荒野中肆意漫游，追随他颇具创造性的偏好，从来不必因循一种规矩抑或一种权威。而同姨妈罗斯在尼斯一起生活的时候，他则受到了来自宗教虔诚信仰和中产阶级体面尊严的严格约束。在这两种生活方式，抑或两种价值体系、宗教归属、教育观念、经济状况之间的反复来回，使得克莱因学到了在波西米亚和布尔乔亚的双重语境中如何同时"在家"（Heimliche）

---

[1] 伯纳黛特·阿兰（Bernadette Allain）引自：托马斯·麦克埃维利（Thomas McEvilley）、"虚空征服者"，《伊夫·克莱因，回顾展 1928—1962》，展览目录，休斯敦莱斯大学艺术学院，（纽约,1982年），第 22 页。
[2] 安妮特·卡恩（Annette Kahn），《伊夫·克莱因：蓝色大师》，第 16 页。

又"不在家"(Unheimliche)。在克莱因形成自己人生观的童年时期,他学会了如何才能满足不同期待的精妙艺术,他为自己假定了多种身份,也会自己设定多重编码。

克莱因的这种往复于两种迥异模式之间的生活,在下一个十年依然在延续。1930年,他的父母搬到了马塞纳大道上的由著名建筑大师勒·柯布西耶(Le Corbusier)所设计建造的房子里,还在蹒跚学步的克莱因也被带到了巴黎。由于经济情况依然捉襟见肘,克莱因的父母在1931年又搬到了巴黎郊区西南部的丰特奈-玫瑰社区(Fontenay-aux-Roses)。从1932年到1936年,法国东南地中海沿岸的"蔚蓝海岸"(Côte d'Azur)的温暖重塑了他们的生活。在这期间,玛丽开始在尼斯的一所国立学校学习装饰艺术,之后她在相应的课程中注册并成了一名经过认定的艺术教师。费雷德则继续在他位于拉古莱特港(La Goulette)的画室进行绘画创作。由于担心他的外甥能否在这样一个不稳定的生活环境里获得成长所必须的足够养分,罗斯将克莱因接到位于尼斯的一家私立学校里学习宗教学。只有到了周末,她才带着克莱因去看望他的父母。1937年,这个家庭再一次向北搬迁。这一次,他们搬去了巴黎郊区的蒙鲁日,一座全是艺术家工作室的大楼。这其中包括了匈牙利雕刻家和建筑家艾蒂安·贝西(Etienne Beöthy)、法国抽象画家让·德瓦斯内(Jean Dewasne)。在这一年行将结束之际,由于没有能力支付剩余的租金,他们变卖了家具,并重新回到了卡涅。正如人们所预料的那样，玛丽和弗雷德同巴黎的分离并未持续很长时间，他们很快就在滨海阿尔卑斯省（Alpes-Maritimes）的一场以现代生活中的艺术与科技为主题的国际展览（1937年5月25日—11月25日）中展出了他们二人共同创作的一幅壁画。

当时，法郎不断贬值，人们普遍忧虑着德意志不断扩张的军事力量，西班牙独立战争的战火也刚刚越过比利牛斯山。但在玛丽的回忆中："小伊夫在卡涅的古老小镇度过了一段非常幸福的童年时光，在那里，他感觉到绝对的自由自在……他是当地儿童乐团的领队，头戴礼帽、身系佩剑腰带的他被孩子们称为'队长'。"[1] "望着他们的'领袖'，孩子们问道：'伊夫，我们接下来将要做什么？'于是克莱因会给他们下命令：'带上弓和箭到城堡前面集合。'"[2] 对于一个九岁的孩子来说，那个夏天确实非常愉快。而在那时候，无论是油画还是素描，克莱因都没有显示出卓越天赋，但是，他已经开始以别的方式同他父母的创造力进行竞争了。在卡涅艺术家协会所组织的定期集会中，克莱因和他的朋友米歇尔·戈代（Michel Gaudet）还有埃尔韦·热尔曼（Hervé Germain）在当地的一个地下室里成立了一个名为矮人剧团的（Le Théâtre des Gnomes）

---

[1] 玛丽·雷蒙德（Marie Raymond）引自《玛丽·雷蒙德：回顾展 1937—1987》，展览目录，尼斯现代和当代艺术博物馆（1993年），第16页。
[2] 玛丽·雷蒙德（Marie Raymond）引自安德烈·博内特（André Bonet），《伊夫·克莱因，无限的画家》（摩纳哥，2006年），第38页。

儿童剧团。这个剧团的灵感,来自《丁丁历险记》《三个火枪手》《魔术师曼德雷克》等卡通人物冒险故事漫画的启发。克莱因成为这个剧团的导演,他通过设计各种夸张的表演情节激发着邻近村庄孩童们的热情。尽管还是一个孩子,他的朋友们回忆道,克莱因却已拥有一种迷人的人格魅力,"他有着一种令人天然信服的魔力",他也因此"经常被一群服膺于他领袖才能的孩子们所簇拥"。对于这种感觉,他发自心底地享受着。[1]

不幸的是,在校园的学习生活中,他似乎并没有显现出同样的天赋和能力,他的平庸成绩时刻困扰着姨妈罗斯,因为在学习方面罗斯能做的事情真的极少极少。在1938年,克莱因的父母搬到了临近卢森堡公园的巴黎阿斯萨斯街116号居住,十岁的克莱因也同他们一起住进了新的地方。但是,克莱因父母的这种随意不羁的生活方式对于克莱因的学业来说是灾难性的。玛丽和弗雷德对他极少管束,再加上他自己本身对学习就不上心。因此,在阿尔萨斯学校就读期间,克莱因的学习成绩不断下滑。在他的老师们看来,克莱因"懒惰"又"无法理喻",同时他们还告知克莱因的父母"不给克莱因的作业签名是不能接受的,他上课迟到,不写作业,不努力"。[2] 由于克莱因拒不配合学校

---

[1] 玛丽·雷昂德(Marie Rayond)引自托马斯·麦克埃维利(Thomas McEvilly),"伊夫·克莱因",第23页。
[2] 安妮特·卡恩(Annette Kahn),《伊夫·克莱因:蓝色大师》,第24页。

老师，并且始终以一种反叛的态度对抗，他最终被开除了，只好转到别的学校上完这一学年。此后不久，克莱因举家搬回卡涅避暑，他也因此得以从单调沉闷的校园生活中解脱出来。

令人意想不到的是，法国在1939年9月3日对德国的宣战为克莱因开启了一个相对平稳的生活。在1939年和1943年之间，玛丽和弗雷德决定留在如今已经成为维希市自由区域一部分的蔚蓝海岸（Côte d'Azur）。由于商品和食物出现短缺，克莱因的父母不得不出售拉古莱特港的房子，转而在邻近的村庄中租了一个非常破旧的房子暂住。由于这种情况的出现，克莱因得以重回旧日生活轨迹，他被送到了姨妈罗斯那里。由姨妈抚养的克莱因，周中在尼斯的宗教学校里上课，周末和他的父母待在一起。不过，这里有一个极难回答的问题，那就是，克莱因的这种被切割成两个截然不同部分的生活，是否真的从未融为一个整体而成为一体两面，又或者他已经完全将二者收编进一个框架之内且让这种差异在内部流动，就好像他有两幅皮囊一样。作为一个孩子，他是如何理解这两种贯穿他整个生命的始终相互冲突和拉扯的价值观念和生活方式的呢？

我们永远都不会得到这些问题的答案，但是我们也希望避免对于克莱因进行一种精神分析式的解读，避免在本体论意义上去指出克莱因生活和艺术的"起源"。或许我们可以用罗兰·巴特的理论作为我们的解读方法。以巴特的理论为切入点，我们可以通过比较两幅大体同一时期的照片，来理解克莱因是如何通过内化和激发奇观化（spectacularization）的编码以建构自己的身份的。按照巴特的观点，意识到摄像即将开始的那一刻，被摄影者将会展示出他或她的一种专门为镜头所准备的另外一个版本的自己。以同样的方式，克莱因"在'摆造型'的过程中形塑他自己"，当观察到镜头的时候，瞬间呈现出另外一种模样。[1] 举个例子，有这么一张摄制在影棚中的相片，那是在 1939 年 5 月 25 日，克莱因的第一个圣餐仪式，精心打扮过的他，梳着完美的偏分头，表情中透露出天真无邪，笔直挺拔的黑衣服和白衬衣搭配得非常得体，一本《圣经》翻开在他的手中。从这张照片我们完全可以推测出，克莱因这种温文尔雅的形象，意味着他已经顺利融入姨妈罗斯为他在尼斯所提供的养尊处优的生活。尼斯作为一座气候宜人的城市，吸引了诸多社会上层前来享受下午茶，在英国人大道漫步成了一种上流社会的时尚。然而，这也是一种让他感到窒息并渴望逃离的生活。这里还有一幅 1938 年克莱因在卡涅时的快照，在这幅照片中，一位身穿白色制服套装站立着的青年，戴着一顶海军帽，双手插进口袋，盯着照相机镜头的眼神中一幅无所谓的样子。尽管穿着同样考究，但这显然像是一个离家出走的街头小混混。一旦

---

[1] 罗兰·巴特（Roland Barthes），《摄影机露西达（Lucida），摄影的思考》，理查德·霍华德（Richard Howard）译（1981 年，纽约），第 10 页。

撒开缰绳,就撒腿狂奔不见踪影。我们或许可以相信,克莱因的独立态度与他父母的那种自由主义和充满想象力的创意生活有着更密切的关系。虽然那是一种他尝试去模仿却一而再再而三地被拒绝的生活范式。总而言之,不管是在一个实际存在的摄影镜头面前,还是在一个被内化为一种缄默不语的作为附属存在的内心镜头面前,克莱因的身份认同都是一个"社交游戏",一个知道自己正在摆造型的人,同时也想让观看者知道,这个人所正要呈现的造型绝不是一种对于个体之假定的瓦解。[1] 正如巴特提示我们的那样,"在镜头面前,我同时是:一个我想成为的我,一个我想让别人认为的我。一个摄影师所认为的我,一个他所用来展示他的艺术的我"[2],与其说为这种不真实所折磨,或者感受到被欺骗,倒不如巴特他自己所哀叹的那样,克莱因接受并拥抱了这种使用镜头片段的"社交游戏"所具体化的创造性的悖论和述行可能性。[3]

随着战争的进行,人们纷纷从巴黎逃到法国南部,海滨卡涅成了接纳不同国家流亡艺术家的飞地。在这些人中间,有汉斯·哈通(Hans Hartung),海因里希·玛利亚·达夫林豪森(Heinrich Maria Davringhausen)和他的妻子洛尔(Laure),阿诺德·科拉克斯(Arnold Clerx)和他的妻

---

[1] 罗兰·巴特(Roland Barthes),《摄影机露西达(Lucida),摄影的思考》,理查德·霍华德(Richard Howard)译(1981年,纽约),第11页。
[2] 同上,第13页。
[3] 同上,第13页。

子贾格巴·范·维尔德（Jacoba van Velde），科斯·柯尔克（Kees Kelk），让·维埃里（Jean Villeri）和西蒙尼（Simone），吉尔·范·维尔德（Geer van Velde）。临近的属于格拉斯的村落则接待了阿尔贝托·马格奈利（Alberto Magnelli），让·阿尔普（Jean Arp）和索菲亚·托伊贝尔-阿尔普（Sophie Taeuber-Arp），索尼娅（Sonia）和罗伯特·德劳内（Robert Delaunay），马克斯·恩斯特（Max Ernst），尼古拉斯·斯塔埃尔（Nicolas de Staël）。克莱因的父母同斯塔埃尔还有他的妻子让妮娜·吉优（Jeannine Guillou）建立了非常密切的关系。她那已经成为克莱因非常要好的玩伴的儿子安托万·图达尔（Antoine Tudal），也在那个时候兴高采烈地加入了重新组建的矮人剧团。这个剧团成了战争时期这些青少年们的主要娱乐活动。克莱因和安托万一起，用一些废弃的帆布和担架上的吊带，做成了一幅骑士盾牌。与此同时，他还创作出了一些短诗（比如《沉默》），而当时他才十一岁。

克莱因的生活节奏并没有被第二次世界大战所打断，而他那幸运地得以保持完整的家庭似乎也并没有遭受任何重大损失。尽管排外情绪始终充斥着他们所在的艺术家圈子，并因此在这个地域形成了"本地人"和"外来人"两个小团体。但对于克莱因家来说，唯一的直接困难是当时无所不在的物资匮乏。这是极其真实的，当1943年6月他们回到位于巴黎阿斯萨斯大街的公寓时，他们没有取暖的煤炭，生活所必需的食物如果不能从黑市上购买，那就只能忍受来自乡下的少量配给。他们依靠豆角和土豆才终于挨到了1944年的夏天，直到一个陌生人花了四千五百法郎购买了他们三幅画。[1]

克莱因以一种好奇和玩赏的态度重新发现了首都巴黎，在他给姨妈罗斯所写的一封名为"巴黎知识"（Connaissance de Paris）的长信中，详细记载了克莱因在塞纳河左岸和右岸的所见所闻所感。[2] 尽管缺少有力证据证明克莱因在德占区有过生活经验，但是，那种国土被占领的现实所呈现出的历史情感同样震撼着他的人生。1944年，克莱因在一所旨在培养学生通过会考并进入商业海事学院的预科学校注册报道了。克莱因对自己之后生活的诸多设想似乎都泡汤了。在那个巴黎解放的喧嚣夏季（6月到8月），他的父母将他送到塔尔斯地区的米尔哈斯参加法国高考，但他最终并没有通过这次考试。在这个远离首都的地方，他听到了很多抵抗德国法西斯侵略的故事，他也不得不经常向别人解释他的名字来自荷兰语，而不是犹太语。[3] 在8月19日到8月24日之间，仍然是在塔尔斯这个地方，德国投降的消息传来，在人们热情洋溢的欢呼中克莱因感受到了自由和解放的力量。并不想被拉下的他，携带着一

---

[1] 安妮特·卡恩（Annette Kahn），《伊夫·克莱因：蓝色大师》，第32页。
[2] 同上。
[3] 同上，第34页。

个藏有手雷的面包[1]，立刻急迫地返回了巴黎。在战后巴黎的庆祝狂欢中，克莱因沉醉于圣日耳曼德佩教堂俱乐部里的爵士钢琴乐和舞蹈。1945年，当玛丽·雷蒙德的艺术家事业开始蓬勃发展后，这个家庭在阿斯萨斯大街的这栋狭小的三层公寓成了人们每周聚会的活跃场所。克莱因也开始同一些新入行的抽象艺术家们渐渐有了交集，他们是汉斯·哈尔顿（Hans Hartung）、让·德瓦斯内（Jean Dewasne）、让·戴罗勒（Jean Deyrolle）以及杰拉德·施奈德（Gérard Schneider）。他们这些人于1946年在丹妮丝·勒内画廊（Galerie Denise René）举办了第一次作品展"年轻的抽象派画家"（*La Jeune Peinture Abstraite*）。从那时起，在1946年到1954年之间，玛丽·雷蒙德的"周一之夜"（les lundis de Marie Raymond）沙龙，逐渐变成一种稳定的巴黎社交生活。克莱因一家用纯正的巴黎风光接待了几乎每一个经过这座城市的外国访客。尽管克莱因的父亲已经成了一位在行内颇受好评的具象画家，他的妈妈也已经在抽象艺术圈成了领军人物，但在他们家的晚宴上，无论是谁都会受到欢迎。克莱因也因此很容易与不同代际、不同艺术流派的文艺界人士打成一片。比如，弗朗西斯·毕卡比亚（Francis Picabia）、皮埃尔·苏拉热（Pierre Soulages）、查尔斯·艾蒂安（Charles Estienne）、谢尔盖·波利雅科夫

---

[1] 安妮特·卡恩（Annette Kahn），《伊夫·克莱因：蓝色大师》，第33页。

(Serge Poliakoff)、欧仁·尤内斯库（Eugène Ionesco）、丹妮丝·勒内（Denise René）、柯莱特·阿尔雷迪（Colette Allendy）、伊利斯·克莱尔（Iris Clert）、弗朗索瓦·杜弗莱纳（François Dufrêne）、雷蒙德·海恩（Raymond Hains）以及雅克·维勒特莱（Jacques Villeglé）。

尽管看起来在艺术界混口饭吃对于克莱因来说似乎已经是唾手可得了，但在1946年的夏天，18岁的克莱因既没有工作，也没有未来方向，同时也没有任何迹象表明他正在艺术中审思自己的人生。他的人生被波西米亚和布尔乔亚分割成泾渭分明的两段。那个夏天，他和他的父母一起前往伦敦度过了一个悠闲从容的夏日，之后他在肯特郡塞文欧克斯做了三个月的互惠生。在返回尼斯去投奔他姨妈的新事业之前，他还游览了阿姆斯特丹。已经成为塔拉马斯克夫人的再婚后的罗斯，十分担心她外甥能否在经济上独立自主，于是她在她丈夫的电器商店里专门设置了一个文学区域，并让克莱因作为负责该区域的售货员。正如克莱因在那个时期的一位好朋友克劳德·帕斯卡（Claude Pascal）所回忆的那样："克莱因从事着他所希望去做的事情，他整理书籍不是为了生意，而是为了他自己。"[1] 而在他的另一位好朋友阿尔芒德·皮埃尔·费尔南德斯（Armand Pierre Fernandez）的追忆中，克莱因一天只工作

---

[1] 克劳德·帕斯卡（Claude Pascal）引自西德拉·斯蒂奇（Sidra Stich），《伊夫·克莱因》，第15页。

大概两个小时。出入这家电器商店的人们很少会停留在文学书籍区购买书籍[1]，因此克莱因有充足的时间进行阅读，他的兴趣广泛，从雅克·普莱维尔（Jacques Prévert）的诗歌到科学小说都会涉猎。当然，他也一直关注着艺术事业的发展。这一点从1948年他为好友阿尔芒德所准备的生日礼物《1947年超现实主义目录》(the catalogue Le Surréalisme en 1947)就可以看出。[2] 值得一提的是克莱因的这位朋友，在1948年曾将自己的名字缩减为"阿尔芒德"（Armand），而1958年艺术家名录上出现的一次排版错误，则将这一名字拼写为"阿尔芒"（Arman）。

由于姨妈罗斯的宠爱，克莱因可以随意支配他所负责的工作，这便赋予了他充分的自由去发展他的两大主要兴趣：在当地的夜总会跳吉特巴舞，追求年轻姑娘。1947年克莱因决定参加尼斯警察运动俱乐部举办的柔道培训班，这一决定在他的人生中意味着一个至关重要的转向：他不仅继续深化发展同帕斯卡和阿尔芒的友谊，还发现了一种新的激情。他沉浸在这种彼时流行于法国的日本武术技艺当中，而这种沉迷则为他提供了一个既与他父母所代表的艺术世界的法则不同，又与他姨妈所代表的资产阶级世界的规矩相异的

---

[1] 克劳德·帕斯卡（Claude Pascal）引自西德拉·斯蒂奇（Sidra Stich），《伊夫·克莱因》，第15页。
[2] 根据阿尔芒的说法，克莱因从玛丽·雷蒙德那里收到了目录，并将其作为生日礼物给了他。见阿尔芒（Arman）和蒂塔·罗伊特（Tita Reut），《伊夫·克莱因，替代》（尼斯，1998年）。

舞台。每周上三次柔道课的克莱因进步神速，很快就成了一名柔道高手。他在 1947 年 9 月 2 日取得了"白带"称号，在 1947 年 12 月 19 日获得了"黄带"称号，在 1948 年 5 月 4 日获得了"橙带"称号，在 1948 年 9 月 24 日获得了"绿带"称号。尽管克莱因也曾由于去意大利的便车旅行和在德国博登湖的一年兵役而耽搁了系统的柔道训练，但他的柔道水平继续保持着精进。克莱因在 1950 年 10 月 22 日获得了"蓝带"称号，在 1951 年 8 月 30 日获得了"棕带"称号，并最终在 1952 年成为"黑带"选手。

柔道上的成就持续鼓舞着克莱因、阿尔芒以及帕斯卡，使得他们不断在柔道技艺方面深造。在 1947 年和 1948 年之间，除了参加在尼斯的三家柔道俱乐部，他们还开始接触并探索了禅和禅宗佛学，他们阅读日本的禅宗发展历史以及占星术方面的书籍，并最终发现了马克斯·海因德尔（Max Heindel, 1865—1919）所著的《玫瑰十字会的宇宙演化论》（*La Cosmogonie des Rose-Croix*）。这部炼金术巨著成了这个称自己为"三角会"的三人小组的精神向导，他们开始以熟知玫瑰十字会炼金术的化学工程师路易斯·卡德奥克斯（Louis Cadeaux）为他们的导师。正如许多伟大的开端一样，他们同卡德奥克斯的第一次见面也带有一些传奇成分。当然，这样一种神秘主义的说辞需要我们带着一种怀疑审慎的态度去看待。事情大概是这样，克莱因在他工作的店里听说了一些关于这个人的事迹，于是就顺着这条线索找到了他。在一次柔道训练之后,夜已经很深了,他们三个人敲响了卡德奥克斯的家门。而当这位长者询问"我能为你们做些什么"的时候,据说克莱因是这样回答的:"我们想要悟。"听到他们这样的答复,卡德奥克斯说道:"啊,快进来,孩子们。"[1] 在获得了卡德奥克斯的认可之后,卡德奥克斯成了他们三人的精神导师。在接下来的这一年时间里,他们每周都要来拜访卡德奥克斯两次。在教会他们玫瑰十字会的基本教义,以及占星术和冥想术之后,卡德奥克斯认为下一步修行的时机已经成熟,于是就推荐他们去联系在加利福尼亚的海外玫瑰十字会。1948年6月,克莱因和帕斯卡加入了加利福尼亚的玫瑰十字会,而更看重实用主义的阿尔芒则放弃了继续修习。在接下来的三年时间里,克莱因和帕斯卡二人每日学习修行,严格遵循着同步课程,他们必须将他们的修习记录定期发送给加利福尼亚玫瑰十字会检查,同时他们也必须定期接受卡德奥克斯的指导,从1951年到1953年间,当克莱因的会员资格到期之后,他仍然继续每月完成自己的功课,只不过他不再给加利福尼亚报告自己的修习情况。这段经历对于克莱因的人生塑形来说绝不是一段无关紧要的插曲,克莱因从此成了一个宇宙演进论及其秘传教义的虔诚信徒,

---

[1] 安妮特·卡恩(Annette Kahn),《伊夫·克莱因:蓝色大师》,第48页;克劳德·帕斯卡(Claude Pascal)在麦克埃维利(McEvilley)的《伊夫·克莱因:虚空的征服者》中引述,第26页。

并且，在这之后的人生中，这个"启蒙"始终伴随着克莱因。

托马斯·麦克埃维利（Thomas McEvilley）在将克莱因的艺术同马克斯·海因德尔的理论相联系方面做出了巨大的成绩。他认为，在1948年和1958年之间，当克莱因找到了他的下一位导师，哲学家加斯东·巴什拉（Gaston Bachelard）的时候，他的思想已经完全被玫瑰十字会所塑造了。他所要试图实现的，正是将这种信念体系以一种艺术的方式表达出来。[1] 他在炼金术神话中打上了属于自己的烙印。克莱因"每天都会阅读数小时这类书籍，投入起来有时甚至会通宵达旦。深夜站在邻近的大街上，透过窗户人们可以看到他的房间还亮着灯。直到凌晨两三点钟，他依旧在阅读，他被玫瑰十字会的神秘教义所彻底迷住了"。[2] 尽管这种思想或许在克莱因的精神和哲学立场中一直都保持着存在，并且还在他的艺术词典中确定无疑地扮演了一个重要角色。但我们也应该当心，不要把他全部的实践都看成是炼金术的简单移植，不能将二者简单地画等号。他对于超自然力量的热忱和痴迷帮助他在众多艺术家原型中塑造出了专属于他的特别的一个，而他的艺术作品，在某种程度上，也是海因德尔神秘学说的一种整合。但是，

---

[1] 托马斯·麦克埃维利（Thomas McEvilley），"伊夫·克莱因与玫瑰十字会"，《伊夫·挑衅者》（纽约，2010年）。
[2] 玛丽·雷昂德（Marie Rayond）引用麦克埃维利（McEvilley）的《伊夫·克莱因：虚空的征服者》，第26页。

克莱因的艺术在本质上独立于这种思想,并未与之完全一致。正如罗兰·巴特所说的那样:"说并不是写,写也并不是这个人本身。"[1] 如果仅仅只是以克莱因的生活解释克莱因的艺术,而没有考虑身为一种独立意义体系和独特述行方式的艺术语言的话,那便注定只能错过克莱因的多重"现实主义"了。

在1947年和1948年之间的某个时刻,一个经常为人所提及和称道的同阿尔芒和帕斯卡一起进行的插曲,揭示了克莱因对于他人生早期所形成的两种范式的完美精通。在精神自我发现的过程中,为了抵达一种灵境,克莱因花费了很长时间在阿尔芒家的天台冥想,并且整夜整夜地注视月亮。他戒烟戒酒戒荤,试图冲破肉身的制约。阿尔芒回忆道,这些修炼所产生的偶然间迸发出的幻觉,使得他们感觉到他们似乎在摆脱他们的肉身,悬浮上升,直至虚空之境。[2] 这些情形中的一个,便是有一次在海边的沙滩上,他们根据海因德尔植物、动物、矿物的三个范畴,将他们周围的世界进行了三分。诗人帕斯卡,成了植物世界的所有者,同时也是语言的主宰者;阿尔芒将大地以及动物王国据为己有;克莱因则同尼斯的天空签订契约,将之

---

1 罗兰·巴特(Roland Barthes),"叙事结构分析导论"[1966],《巴特读者》,苏珊·桑塔格(Susan Sontag)编(纽约,1982年),第283页。
2 阿尔芒(Arman)的回忆发表在西德拉·斯蒂奇(Sidra Stich)的《伊夫·克莱因》中,第18页。

视为自己的矿物王国。[1] 这件事对其他二位"领主"来说仅仅是一次纯粹的异想天开,但对于克莱因,却是一个具有决定意义的举动。

他开始将蓝色(Azur)视为一个能够产生个体自由的无限领域,同时赋予蓝色这种色彩抹除所有边界的能力,并以此创造了一种纯粹存在的感觉。正是由于这种精神,在距离多尔多涅的拉斯科发现史前洞穴之后不久的当时,他们三人经常一起厮混的阿尔芒父亲的家具商店的那个地下室,变成了属于他们的"史前洞穴"和"神庙"。克莱因将地下室的天花板涂上了天蓝色。帕斯卡则和克莱因一起,将自己的手印和脚印在周围的墙上。而阿尔芒以树木的形状组合各种工具的图案。这些符号,同太阳、月亮、星辰、标记、棕榈树、猴面包树一起,很快被印到克莱因和帕斯卡的衬衫上。而这种衣服,也成了他们获得神启的象征,成了他们在尼斯"招摇过市"的资本。

虽然他们的这些举动看起来荒诞不经,但克莱因并没有将之视为一种儿戏。那个将自己名字写在天空之上的时刻,对于克莱因来说是最伟大也是最美丽的艺术作品。[2]

---

[1] 伊夫·克莱因(Yves Klein),"切尔西酒店宣言,1961年",《克服艺术难题:伊夫·克莱因的著作》,克劳斯·奥特曼(Klaus Ottmann)译(康涅狄格州帕特南,2007年),第199页。
[2] 伊夫·克莱因(Yves Klein),"切尔西酒店宣言,1961年",《克服艺术难题:伊夫·克莱因的著作》,克劳斯·奥特曼(Klaus Ottmann)译(康涅狄格州帕特南,2007年),第199页。

他的那种拥有天空和自由的感觉，意味着他"开始憎恨鸟类"想法的出现。在他看来，鸟类占据了天空的空间，摧毁了天空完美的宁静。在他的宣言中，"那些鸟类一定要被清除"。[1] 如果我们认为克莱因对于作为绝对自由之空间——天空的迷恋表现为一种对财产的所有权的话，克莱因的这些观点或许正好可以使我们再细想一下。然而，为了理解这种张力，我们需要回想起克莱因成长在艺术和商业的结合，或者说在波西米亚和布尔乔亚相结合的屋檐之下，在他很小的时候，克莱因就已经形成了一种自由同专制并行不悖的矛盾人格。与此同时，同他的成长相伴左右的，不仅是这样一种双重动力，还有二战之后不断加速的消费文化。

在这一时期，似乎并没有证据表明克莱因有过任何美术上的成就（除了一些诗歌以及他的那个被蓝色硬纸板包装的炼金术笔记本），但他在《克服艺术难题》（1959）一文中，通过如下方式叙述并且夸大了他的艺术成长史：

> 在1946年，我在绘画上，要么受到我父亲的影响，一个专注于画马和海滩风景画的造型画家；要么在我母亲的影响下，一个专注形式与色彩的抽象画家。与此同时，"色彩"和

---

[1] 伊夫·克莱因（Yves Klein），"切尔西酒店宣言，1961年"，《克服艺术难题：伊夫·克莱因的著作》，克劳斯·奥特曼（Klaus Ottmann）译（康涅狄格州帕特南，2007年），第199页。

感官的纯粹空间,虽然仍带有一些固执,却不时朝我眨眼示意。这种纯粹空间中完全自由的感觉,对我显示出如此巨大的吸引力,以至于我不得不在平面上画出单色然后去仔细地看,用我自己的眼睛去看,去看在这种绝对之中,有什么是可见的。[1]

这段陈述的有趣之处在于,克莱因并不认为他所重述的这段关于他自身的历史是一种伪造。他的艺术和他的人生紧密结合而成为一种创造性活动。在这个意义上,他是自由的,他可以将他自己的传记历史同他的艺术创作相结合,即使别人(尤其是艺术史家)认为这是一种欺骗的形式。[2] 他的早年生活教会了他如何利用相互矛盾的语法,去构建和合法化他的美学概念和身份。最重要的是,克莱因将他自己的传记视为一种通过以"人格""参与者""图像"等方式流转的叙述模式,而不是一个统一的心理存在。于是,他的意图并非去确认一种编年史的真实,而是去"贯彻"一种开放的对话。

---

[1] 伊夫·克莱因(Yves Klein),"克服艺术难题",《克服艺术难题》,第45页。
[2] 本雅明·D. 布赫洛(Benjamin H. D. Buchloh),"克莱因与姿势",《国际艺术论坛》(1995年夏季),第94—97页,第136页。

2 找寻自我:成为一个柔道家/艺术家,1948—1952

> 充满热情的人,在没有立场和信念之处只是踌躇。他并不思虑,不算计,不言语,也不给出解释,他只是去做,去行动。[1]

在他生命中接下来的四年,也就是从1948年到1952年,克莱因的人生旅程始终被他那对于柔道的热情所振奋。尽管他在尼斯的时候就已经获得了"绿带",但是他仍然梦想着一路骑行去日本,到代表柔道正统的东京讲道馆进一步修习柔道。为了回应使命的召唤,在姨妈罗斯坚定的经济支持下,克莱因开始在欧洲周游,并不时地在巴黎或者尼斯寻亲访友。正如艺术史学者本雅明·D. 布赫洛(Benjamin H. D. Buchloh)的如实记载,"克莱因渴望成为一个柔道家/艺术家的殷切期盼,使得他成了在新先锋艺术界刮起日本风(japoniste)的第一

---

[1] 伊夫·克莱因(Yves Klein),"理想的理想",载于克劳斯·奥特曼(Klaus Ottman)的《伊夫·克莱因自己:他的生活和思想》(巴黎,2010年),第361页。

人,一个站在古老战争仪式文化——柔道和当代废墟广岛之间的现代西方人"[1]。克莱因力图成为一位柔道家/艺术家的想法并不是一时头脑发热,也不是一夜之间的突发奇想,而是整整花费了他四年时间。在这四年当中,在他最终给出结论之前,他在不确定性和焦虑之间不断来回游移。

克莱因在他人生的二十岁和二十四岁之间,并未能走上一条确定的发展道路,也并没有获得一个属于自己的身份认定。但是,在这一时期,克莱因融合了多种思想、概念和态度:对于天主教信条虔诚,对于炼金术的痴迷,以及一种持续增加的,尽管还是处于试探阶段的,对于佛教禅宗的好奇。所有这些精神知识,不管是来自西方传统还是来自东方传统,都在克莱因对于色彩的兴趣中融会贯通,化身为一种浸入式的巴黎资产阶级艺术风景和一种能够内化一切并使之成为自己一部分艺术人格的神秘能力。可以这么说,在1948年和1952年之间,克莱因既不是一个艺术家,也不是一个柔道家,而是一个各路神功秘籍的消费者和收藏者。在他人生中躁动不安又至关重要的这几年里,克莱因决定性地把握住了如下理解:"自我"在实践和话语星丛中既是一种图像,又是一种社会空间。在建构柔道家/艺术家人格的过程中,克莱因发现了一些创造图像和构造空间的新方法。这些新方法既能够容纳过时的又能够吸收

---

[1] 本雅明·D. 布赫洛(Benjamin H. D. Buchloh),"克莱因与姿势",《国际艺术论坛》(1995年夏季),第94—97页,第95页。

时下流行的观看和感知模式。

由于缺少足够的资金去开启那开支巨大的日本之旅，克莱因不得不绕了个弯路，在英格兰和爱尔兰游历了大概一年时间。这段经历并非无关紧要，克莱因之所以选择去英国待一段时间，是因为他想要在到了东京之后能够更好地同日本的知识分子交流，毕竟，在此之前，他被告知日本的知识分子都会讲英语。克莱因本想和他的三人小组一起同行，但由于阿尔芒已经开始在巴黎的卢浮宫学院（the Ecole du Louvre）正式注册就学，克莱因就只好同帕斯卡结伴。在1949年的12月两人一同出发前往伦敦，并暂时寄居在伯爵宫的公寓中。在克莱因那交际广泛的父母的介绍下，克莱因成了画框师罗伯特·萨维奇（Robert Savage）的学徒。在这一时期，克莱因在制作和打磨木制画框、调配颜料、使用定色剂、涂漆、镀金方面如同上了一个速成班一样进步飞快。如果他在给姨妈罗斯的信中所言不虚的话，克莱因在伦敦的这五个月安排得极为丰富和充实：每周周一到周六的上午九点至下午六点，他都在萨维奇的商店中工作，中午一点开始有一个小时的午餐时间；周一到周三晚上六点半至九点半，是他的英语课时间；周四到周五晚上七点到十点，是柔道练习时间。[1] 虽然时间安排得如此紧凑，再加上他经常吃不饱饭饿肚子，但这并没有阻

---

[1] 西德拉·斯蒂奇（Sidra Stich），《伊夫·克莱因》，展览目录，科隆路德维希博物馆和杜塞尔多夫的诺德·威斯特法伦艺术博物馆（斯图加特，1990年），第23页。

止他完成玫瑰十字会功课的修习，也没有阻止他在法英中心学好英语的同时游览参观各种艺术机构，比如，英国伦敦国家美术馆（the National Gallery）、大英博物馆（British Museum）、维多利亚与阿尔伯特博物馆（Victoria & Albert Museum）、泰特美术馆（the Tate Gallery）等。[1]

在之后的日子中，克莱因将会发现这段时期的艺术训练对于他而言所具有的重要意义。"正是在萨维奇工作坊的那一年，我在物质的物理特性方面的认知有了一个意义深远的启蒙。"[2] 尽管并没有显著的证据去证明这一点，但在克莱因结束萨维奇工作坊一天的工作之后所留下的一些文字中也可以管窥一斑："每当傍晚回到自己的房间，我都会在白色硬纸板上用单色蜡笔作画，后来我也逐渐开始使用更多的蜡笔……对我来说，每一笔涂抹出的颜色都始终保持了自由和独立，而没有被定色剂所杀死。"[3]

帕斯卡同样清楚地记得，正是在萨维奇工作坊的学徒期间，克莱因制作了他的第一幅单色画。并且，这些在他们公寓所展示的单色画，也成为克莱因人生的第一场画展。这个传奇故事似乎应当这样叙述：在一天傍晚，克莱因走进浴室，过了好久才出来，他出来的时候手里拿着一些方

---

[1] 西德拉·斯蒂奇（Sidra Stich），《伊夫·克莱因》，展览目录，科隆路德维希博物馆和杜塞尔多夫的诺德·威斯特法伦艺术博物馆（斯图加特，1990年），第23页。
[2] 伊夫·克莱因（Yves Klein），"单色冒险"，《克服艺术难题：伊夫·克莱因的著作》，克劳斯·奥特曼译（康涅狄格州帕特南，2007年），第152页。
[3] 同上，第154页。

形纸片,每一张纸片上面都被水粉涂满了一种单一颜色(蓝色、橘色和绿色),他兴奋地说道:"我找到它了!"[1]詹姆斯·索罗克斯(James Shorrocks),克莱因在伦敦的另一位好友,也能够回忆起这件事:"他拿起一片上面涂满蓝色的硬纸板……然后用图钉将这块硬纸板钉在墙上,说:'我喜欢这幅画,我确定这里面会有一些不一样的东西。'"[2] 正如日后克莱因在艺术上的多次惊世之举一样,人们也许会困惑这是不是在开玩笑。[3]

当然,这些在绘画上的摸索并没有使他在终极目标上分散注意力。1950年4月中旬,他和帕斯卡为了学习马术,搭便车旅行到了爱尔兰。尽管听起来有些牵强附会,但克莱因和帕斯卡确实有着成为一名马术大师的野心,他们梦想着有朝一日在摩洛哥购置骏马,然后沿着丝绸之路一路骑行到日本。经过在利物浦的短暂停留之后,他们终于穿越了爱尔兰,抵达了基尔代尔的一家名叫"骑师会堂"(Jockey-Hall)的马场。他们以清理马厩和帮助采摘马铃薯作为条件,换来了免费学习马术的课程。在这一期间,克莱因以每天记住十个单词的速度学习英语,并每天努力用这种外语写日记。然而,由于进步缓慢,再加上爱尔兰连

---

[1] 克劳德·帕斯卡(Claude Pascal)引自西德拉·斯蒂奇(Sidra Stich),《伊夫·克莱因》,第23页。
[2] 詹姆斯·索罗克斯(James Shorrocks)在1974年7月11日对南·罗森塔尔(Nan Rosenthal)的采访中讲述了这些信息,历史展览(10.120),德克萨斯州休斯顿,梅尼尔收藏档案馆。
[3] 同上。

绵雨季的氤氲，他们的挫败感越来越强烈。弥漫在他们心中的阴霾，即使通过每天的柔道训练也仍然无法消散。

就这样，几个月之后，克莱因和帕斯卡之间发生了一次争吵，他们无法再继续忍受对方。由于他们彼此在性格上的差异逐渐被放大，危机也越来越明显。帕斯卡相对冷漠的性格和已经倦怠的身心，无法同仍具热忱的克莱因继续合得来。为了包容他们之间日渐增大的裂痕，克莱因试图从宗教信仰中得到慰藉，而宗教似乎也确实给予了克莱因方向和帮助。在《圣路加福音》的指引下，他这样写道："从眼前发生的所有这一切中，我得到了如下结论：我并不想照顾别人的事务。'为什么你看到别人眼中有刺，却看不到自己眼中有梁木'，如果这则箴言是真实的话，那么我该是一个怎样的恶魔般的存在啊。"[1] 长时间的孤立促进了克莱因的内省，而在这一过程中，天主教教义成了克莱因思考的主要对象。

> 反抗邪恶应该成为我的座右铭。我再也不能想象自己去仇恨任何事情，但是有太多微弱的内在声音仍然在低吟。如果我的咽喉能够提醒我，每一次狼吞虎咽，对于我来说，都是在吞食基督的身体。我实在是一点都不成熟，实在是太幼

---

[1] 克莱因（Klein）指的是《圣路加（Saint Luke）福音》中的谚语："您可以看见别人眼中的尘土，但看不到自己的光束。"被安妮特·卡恩（Annette Kahn）引用在：《伊夫·克莱因：蓝色大师》（巴黎，2000年），第68页。

稚了……信仰，信仰！如果我能够坚信并将之践行于每一天该多好啊。(克莱因在这个周五，也就是 8 月 11 日，所学习的十个英文单词分别是：箴言/motto/devise，挑战/to challenge/défier，邪恶/evil/mal，低吟/to hum/murmurer，下颚/jaw/machoire，满口/mouthful/bouchée，成熟/ripe/mûr)。[1]

在这一困难时期，克莱因对于愤怒和平静的关系进行了深入的反思。他认识到，对于一个人来说，敌视他人终究会导致自身内部的不和谐。他对炼金术思想和天主教教义的接受，并没有阻止他去吸纳别的思想。据他的日记揭露，22 岁的他已经开始学着去理解相互冲突的情感了：

> 当精神的不和谐发生之时，会产生一种奇怪的情感，就好像一束闪电骤然迸发撕裂天空。我并不知道它产生的原因，也不知道是什么诱发出了它，我只知道想要去取消这种情感是极其困难的。当我预感到它的到来，我就会将自己完全封闭起来，将所有的情感都赶走，然后努力去分析造成这种局面的事由和缘故。[2]

克莱因的这些自我陈述表明，对于寻求一种可以弥合

---

[1] 托马斯·麦克埃维利 (Thomas McEvilley)，"虚空征服者"，《伊夫·克莱因，回顾展：1928—1962》，展览目录，休斯敦莱斯大学艺术学院，（纽约，1982 年），第 33 页。
[2] 安妮特·卡恩 (Annette Kahn)，《伊夫·克莱因：蓝色大师》（巴黎，2000 年），第 68 页。

分裂、沉着成熟的人格这件事来说,他始终保持着不曾停歇的努力。与此同时,柔道和抽象画将很快成为克莱因自我中的矛盾形式的再现。

尽管克莱因指责帕斯卡使自己陷入了一种"自我精神的冲突"之中,但克莱因在这段时期的日记,则揭示了一个属于他自己的原因:忧郁和摇摇欲坠的自信。"越来越强烈",他写道:

> 我确信我一无所有,没有任何天赋,也没有任何才能……这真的很可怕……它让我感到焦虑。我能做的只有一件事,那就是尽自己所能去不停学习宇宙论这门伟大的科学。去画画,去演奏音乐,同样是对于我那不接地气的想象力的一种解脱。[1]

克莱因对于他美学趣味的怀疑,掺杂了这样一种认知:如果要成为一个娴熟的画手就需要付出大量的努力。虽然并不清楚克莱因在爱尔兰的乡间何处找到了启发和灵感,但是他的日记表明,他在追求画艺的过程中已经开始有了某种感应:

> 不管是午后还是早晨,我都在画画,不停地画画,并且

---

[1] 西德拉·斯蒂奇(Sidra Stich),《伊夫·克莱因》,第 24 页。

努力地去思考绘画。但是结果非常糟糕,因为画画真的很难,比任何人想象的都要难……在画画的过程中,你付出你的精力以及别的一些东西。我并不能确切地知道从你那里取走了全部力量的到底是什么。[1]

在他给好友阿尔芒的一封信中,我们可以看到,克莱因并没有将这些同绘画相关的实验看成一种相当严肃的努力,他也并没有真正在艺术中沉思他的人生。"你是幸运的,"他坦言,"因为你知道你想要的是什么,你想要成为一个画家。而对于我来说难度则大得多,因为同柔道一起进行的灵修是一个更加漫长的旅程。与此同时,我也不知道自己能否成功。"[2]

在1950年的8月底,克莱因突然决定离开爱尔兰,这也许正发生在他与帕斯卡的另一次争吵之后。不过,一个月之后,帕斯卡也回到伦敦,再次来到克莱因的身边。缺少收入来源的拮据给克莱因带来很大的生活压力,姨妈罗斯寄来的食物也只能够稍微缓解这种窘境。于是,克莱因重新回到了萨维奇那里做学徒,同时也继续学习英文直到这一年的年末。在12月克莱因回到法国之前,他给阿尔芒寄了一张自己制作的单色明信片,上面写道:"1951年将会是一场彻底惨败"。新的一年确实没有一个好的开始,由

---

1 西德拉·斯蒂奇(Sidra Stich),《伊夫·克莱因》,第25页。
2 同上。

于帕斯卡被诊断出肺结核而不得不去疗养院养病，他们去日本的计划只好无限期搁浅了。如果有足够的金钱的话，克莱因也许可以独自开始这段旅程，但是克莱因唯一的收入来源是姨妈罗斯的资助。他不太好意思花费姨妈太多钱，于是这意味着他必须对他长期以来的徘徊给姨妈罗斯做一个说明。"关于我的未来处境，我并没有做出任何决定，但我向您保证，这真的非常困难，"他在给罗斯的信中写道，"请寄给我一些钱，比方说，五千法郎。"[1]

由于得到了新的资助，克莱因在 1951 年的 2 月 3 日启程去了西班牙，在参观完一些风景名胜，比如普拉多博物馆（the Prado）、埃斯科里亚尔建筑群（Escorial）、托莱多省（Toledo）之后，想要开始学习西班牙语的克莱因回到了马德里，他在普埃布拉大街 6 号楼租了一个房间。"我在三楼有一个非常酷的房间，楼下是一家高档餐厅。整栋楼好像住满了大学生。总而言之，一切都非常愉快。"然而，好景不长，差不多也就一个月，他原本兴高采烈的感情逐渐暗淡下来，克莱因开始对他的房间有怨言，并将他的房间称之为"西伯利亚"。在他的日记中，他这样记录了他的不悦：

> 我今天什么都不想做，我也无法坚持今天的学习。时间一点一滴地过去，但是我仍然没有工作。我来到这里什么都

---

[1] 西德拉·斯蒂奇（Sidra Stich），《伊夫·克莱因》，第 25 页。

没有做……我即将做出一项重大决定,如果在八天之内我依然没有找到任何想要去做的事情,我就去美国碰碰运气。[1]

在这样一种稍显莫名其妙的最后通牒之下,克莱因转运了。他开始为一些大学生提供法语私教课。更幸运的是,一家柔道学校为他提供了一个薪水不菲的教职。慢慢地,他和这家俱乐部的老板,一个出版商的儿子费尔南多·佛朗哥·德·萨拉比亚(Fernando Franco de Sarabia)建立了友谊。同时他还和一个名叫华金(Joaquim),只能从他的名字里看出年龄的西班牙学生玩到了一起。他们一同去观看斗牛,参观博物馆,看电影,泡吧,还一起去马德里著名文学家和高级知识分子聚集地——希洪咖啡馆(El Café Gijón)喝咖啡。

或许正是在旅居西班牙期间,克莱因开始有了将单色画同"合适音乐"[2] 相结合的想法。这是否就是尚未完成和上演的皮埃尔·亨利(Pierre Henry)在 1957 年为克莱因创作的《单色交响曲》的雏形呢?由于被克莱因的创造性思维所吸引,华金确信克莱因将会成为一位伟大的艺术家,他也一直坚持支持和关注克莱因的创作。在许多人的围观之下,他为华金展示了一些他在纸板上创作的单色画。但这次"个人展览"似乎并不成功,克莱因又很快创作了

---

[1] 安妮特·卡恩(Annette Kahn),《伊夫·克莱因:蓝色大师》,第 75 页。
[2] 西德拉·斯蒂奇(Sidra Stich),《伊夫·克莱因》,第 26 页。

一小幅描写托莱多的水彩风景画作为赠礼。尽管克莱因想要让别人接受他独特概念的尝试失败了,但这次事件却使得克莱因对色彩进行定影的想法从此一发不可收拾。他开始在色彩、语言和情感强度之间进行横向联系。例如在一次玩票式的尝试中,他将象征主义诗歌《西班牙》(*Espagne*)中的情感变化,包括愤怒、嫉妒和安宁同色彩变化结合在了一起。

> 当蔚蓝天空在一日倾覆于大地之上
>
> 伤口中鲜血喷涌
>
> 绚烂的红
>
> 闪耀的红
>
> 凝结之处泛出一层黑曜
>
> 鲜血之涌
>
> 这就是西班牙
>
> 当紫罗兰盛开,他们彼此凝视
>
> 嫉妒的音乐啊
>
> 只有蓝天才能统治鲜红之怒。[1]

这首诗的简单叙事,预示了色彩所具有的将情感物质化的力量。通过描绘一些传统意象与意涵的联系,比如红

---

[1] 西德拉·斯蒂奇(Sidra Stich),《伊夫·克莱因》,第26页。

色代表伤痛和怒火,蓝色代表一种平静的存在,克莱因为他的"线条与色彩之间的自我"提供了一种更为清晰的思索。在接下来的文字中,紧随他的亮蓝色时期,克莱因开始将色彩视为一种直接的、不经反思的情感。在他的理解中,线条是"心理边界,我们的历史和过去,我们的教育,我们的骨骼构架。它们是我们的弱点和我们的欲望,我们的才能和我们的发明"。相比之下,

> 色彩……沐浴在宇宙的情感之中……是一种变成物质的情感停留在最原始的阶段的物质……色彩们独自定居在空间之中,而线条则不过是在旅行的时候经过它们才能掀起波折。线条穿越无限,而色彩本身就是无限。通过色彩,我同空间建立了一种全体认同,我真正自由了。[1]

克莱因这种执着于无限的想法的种子,或许正是他在西班牙学习的四个月期间,玫瑰十字会那古老神秘教义所播下的。但是克莱因并没有完全无视当下世界,他所观察到的一切,都成了他极富想象力的创意素材。飞跃马德里上空的那架美国超音速飞机让他推测道:"很快,时间将会被征服,我们也因此很快就将没有过去,也没有未来,仅

---

[1] 伊夫·克莱因(Yves Klein),"我在线条与色彩之间的斗争中的位置",《克服艺术难题》,第19页。

仅有一个无限当下。"[1] 在他的朋友们看来，这种歇斯底里式的宣言似乎有一些神秘主义的意味。但最近，克莱因似乎被定义为后现代主义的先声。[2] 这不仅仅是因为他对作为一种美学策略的拼贴和混搭的自由运用，更是由于他对当下的盲目迷恋。在二十世纪五十年代早期，并不像二十世纪八十年代的批评家弗雷德里克·詹姆逊（Fredric Jameson）以及让·鲍德里亚（Jean Baudrillard）所做的那样，克莱因不是含情脉脉地对着已经消失的历史怀旧，而是庆祝永恒现在的可能性。有趣的是，克莱因不仅在色彩中寻找这种可能性，也在语言中寻找它。正如他的马德里日记所提及的那样，他正在设想一个将过去时和未来时压缩成为一个时态的计划。"动词的、规则的、不规则的，我将会废止一切在学习语法的过程中由于时态变化所带来的折磨，我决定将我所写和所说的一切都用现代时表示。"[3] 他还采用了他在英国时柔道导师的观点去阐释无限当下的概念："运动，生命，为了在宇宙之心里流转，我们所拥有的是一种持续不断的永恒的能量：缓慢、直接、绝对正确。如果我不去欺骗自己的话，那就是无限。"[4] 当色彩、空

---

[1] 西德拉·斯蒂奇（Sidra Stich），《伊夫·克莱因》，第 26 页。
[2] 这些是克劳德·帕斯卡（Claude Pascal），阿尔芒（Arman）和罗特劳特·克莱因（Rotraut Klein）的致敬，在麦克埃维利（McEvilley）的《伊夫·克莱因：虚空的征服者》第 29 页中被引用；西尔维·洛特林格（Sylvère Lotringer），"消费神话"，《法国的建筑物，视觉艺术，建筑和设计中的投资空间：1958 年至 1998 年》，展览目录，古根海姆博物馆（纽约苏豪区，1998 年）。
[3] 西德拉·斯蒂奇（Sidra Stich），《伊夫·克莱因》，第 26 页。
[4] 同上。

间、时间混合交织在一个唯一身份是临时柔道教练的23岁年轻人身上的时候,这种交会所带来的心潮澎湃使得它们很快便成为克莱因单色画的概念宣言。

1951年6月,弗雷德、玛丽和罗斯来到马德里探望克莱因,他们一起在西班牙进行了为期十天的旅行。克莱因将他柔道教练的工作委托给阿尔芒,然后乘蒸汽轮船经由巴利阿里群岛回到了法国。在尼斯度过了那个夏天之后,他和姨妈罗斯一起去了意大利旅行,然后回到了巴黎的父母那里,并在他们身边一直待到第二年,也就是1952年的夏天。这段时间对于克莱因来说非常艰难:1949年他的妈妈获得了康定斯基奖(the Kandinsky Prize)之后名声大噪,她的"周一沙龙"开始吸引越来越多的艺术家、批评家和画商,这些人所带来的作品使得克莱因开始反思自己在艺术方面注意力的分散状态。作为"玛丽之子",克莱因被玛丽圈内的好友所熟知。这些人经常出现在他母亲的聚会中,并且,他们也似乎参观了那一年玛丽在巴黎参加的各种重要展览。这包括1952年2月至3月在巴黎的法国美术馆(the Galerie de France)由里昂·卡斯特里(Leo Castelli)和西德尼·詹尼斯(Sidney Janis)所策划的一场名为"观看美国绘画"(*Regards sur la peinture américaine*)的美国抽象表现主义作品展,以及1952年3月美国画家杰克逊·波洛克(Jackson Pollock)的一场个人展。尽管克莱因一再声称自己"为这一切所困扰"[1]，但是克莱因与抽象派表现主义的对峙和碰撞，正如最近的艺术潮流所表现出的那样，激发出了克莱因更多的创作灵感。克莱因也有可能因此观察到色彩和情感之间由于融会贯通而日渐增长的迷人魅力。在另一首记录在日记里的诗中，色彩成了克莱因情感的晴雨表：

> 天是蓝色，
>
> 沉默是绿色，
>
> 生命是黄色。
>
> 光在追逐着，
>
> 光线如痕，
>
> 而光并未完成。
>
> 那么我，游荡着。
>
> 在涅槃中入定。

很快，他将这些沉思应用于人们同色彩的互动之中。在一份克莱因制作但未经发出的问卷调查中，我们可以看到：

> 对于你来说，色彩中的蓝色、红色和黄色各自意味着什

---

[1] 西德拉·斯蒂奇（Sidra Stich），《伊夫·克莱因》，第32页。

么？在这三者之中，哪一个最富有力量？……哪一个是最无力的？……哪一个看起来最舒服？……这些颜色的纯粹状态中哪一个第一眼看到就会产生某种情感？[1]

克莱因的沉思并没有诱使他去立刻创作后来引起轰动的单色画，但是它们确实使得克莱因在以心理状态替换色彩以及在视觉中体验色彩和感情融和的过程中将他的兴趣凝结沉淀了。

之后，克莱因同在1950年的一次晚宴上初识的弗朗索瓦·杜弗莱纳（François Dufrêne）重新建立了友谊，或许，也正是通过弗朗索瓦·杜弗莱纳，克莱因才得以结识著名的神棍居伊·德博尔（Guy Debord）。在那个时候，他们二人都与伊西多尔·伊苏（Isidore Isou）的左翼组织相联系。克莱因曾吹嘘自己认识在戛纳电影节展映影片的朋友。[2] 这或许说的就是伊苏，他的那个著名的《论怨憎与永恒》（*Traité de Bave et d'éternité*）在1951年获得了先锋派大奖。又或者是在1952年拍摄影片《反概念》（*L'Anticoncept*）的吉尔·J. 沃尔曼（Gil J. Wolman），以及克莱因在左翼组织中最亲密的朋友，曾在1952年4月指导拍摄《第一判断的鼓声》（*Tambour du jugement premier*）的弗朗索瓦·杜弗

---

[1] 南·罗森塔尔（Nan Rosenthal），"辅助悬浮：伊夫·克莱因的艺术"，载于《伊夫·克莱因，回顾展1928—1962》，第131页，第39号。
[2] 西德拉·斯蒂奇（Sidra Stich），《伊夫·克莱因》，第254页，第49号。

莱纳。

根据居伊·德博尔的回忆，克莱因参加了他的无意象电影《为萨德欢呼》（*Hurlements en faveur de Sade*）于 1952 年 6 月 30 日在先锋艺术电影爱好者俱乐部（ciné-club）的首映。[1] 这部长达二十三分钟的黑白无声电影，以这样一句字幕开头："我们如同孩子一样，过着未完成的人生。"由于人们对于纯正先锋艺术的偏见，它们总是会引起嘘声、吼叫以及从阳台上丢下来的烂菜叶，这部影片也是在四个月之后才得以正式上映。影片中那句唯一的台词，同克莱因那冗长的青春期，以及他为自己始终未能找到一条合适的人生道路而焦虑的情感产生了共鸣。克莱因"有一些忧虑"，在他给姨妈罗斯的信中，他表示，"在生活面前我是如此的犹豫不决、停滞不前，总是充满太多怀疑"。[2]

克莱因同左翼组织的往来或许非常短暂，但却影响深远。这不仅是克莱因同他那一代艺术家最早的接触（不同于他与帕斯卡和阿尔芒的友谊），也体现了他与当时流行的先锋思潮在思想上的毗邻。随着克莱因与杜弗莱纳的关系逐渐升温，他们相约在拉罗冬德的酒吧小酌，席间他们畅谈了在非物质方面的共同兴趣。在《一些错误的基础、原

---

[1] 居伊·德博尔（Guy Debord），《关于暗杀杰拉德·勒博维奇的思考》，罗伯特·格林（Robert Greene）译，（洛杉矶，2001 年），第 30 页。
[2] 托马斯·麦克埃维利（Thomas McEvilley），《伊夫·克莱因：虚空的征服者》，第 35 页。

则等,以及对于进化论的谴责》(*Some False Foundations, Principles, Etc. And the Condemnation of Evolution*) 这篇于1952年6月在杜弗莱纳的邀请下,为一个名为《起义青年》(*Le Soulèvement de la Jeunesse*) 的左翼杂志所作的文章中,克莱因重新讲述了这次非常值得纪念的会面。与克莱因日记中游移不定的文风不同,他的这篇第一次公开发表的文章使用了一种革命宣言式的坚定口吻:他将杜弗莱纳视为"一位高尚的没有'影片'的影视公众教育家"[1]。这种英雄叙事的方式,同这篇文章所要实现的赞颂年轻一代激进力量的目标紧密联系在一起。克莱因所谓的"革命和创造的体系"有着与前人不同的理论根据。被老一辈人所认可的进化论,其依据在于"物质保障"。相比之下,属于年轻人的创造力,则来自"热情"这一无形力量。克莱因声称,"进行一场真正革命的唯一方式是从不同的视角向一切提问"。与此同时,他还认为热情是"真正和直接研究的唯一方法"[2]。

正是克莱因在左翼杂志上发表的这篇乌托邦式的宣言,使得克莱因顺利地进入了巴黎的先锋艺术圈。到1957年,我们可以非常清楚地看到克莱因的观点被居伊·德博尔所接受。与此同时,各式各样的先锋艺术组织也最终在1957

---

[1] 伊夫·克莱因 (Yves Klein), "一些(错误的)基础、原理等,以及对于进化论的谴责",《克服艺术难题》,第7页。
[2] 同上,第6页。

年凝聚成为一种国际运动。[1] 而在这一过程中，虽然由于克莱因始终公开坚持自己的"神秘主义"立场，而最终被先锋运动所否定，但左翼激进主义依然深刻地影响了他之后的影视创作和美术观念。[2] 只不过，即使到了1952年，克莱因仍然始终没有从他复杂冗长的青春期里走出来，这使得他很难完全接受他父母的那种波西米亚式的日常活动，同时也很难完全拒绝他从小养成的那种布尔乔亚生活情趣。相反，他长期以来一直存在的那个在观看过《为萨德欢呼》之后日渐膨胀的梦，似乎可以用他日记中的一个简短句子做一个总结："去日本，去学习日语和柔道，去制作一部伟大的东方纪录片和许多关于【此处字迹不清】的短片和柔道教程。"[3] 于是，克莱因开始为筹备这次远行忙前忙后。他先是报名参加了法国讲道馆文化学习班，这个学习班的主办者让·博让（Jean Beaujean）曾出版过一本名为《我的柔道之道》（Ma méthode de judo）的书籍。这本书克莱因之前就曾购买过，并且他还在上面做了一些批注。博让曾经师从日本的许多著名的柔道大师，比如酒造之助（Mikonosuke Kawaishi）等。他从日本带回来了一些教学影

---

[1] 凯拉·卡巴尼亚斯（Kaira M. Cabañas），"伊夫·克莱因的表演性现实主义"，《31号灰色房间》（2008年春季）。
[2] 同上；凯拉·卡巴尼亚斯（Kaira M. Cabañas），"幽灵般存在"，《伊夫·克莱因：虚无，全能》，展览目录，华盛顿特区的赫希霍恩博物馆和雕塑花园，明尼苏达州的沃克艺术中心（2010年），第172—189页。
[3] 西德拉·斯蒂奇（Sidra Stich），《伊夫·克莱因》，第28页。

片，这些影片对于帮助学员们更好地学习日本的柔道文化与技术起到了积极作用。与此同时，克莱因还在东方语言学校报名参加了一个日语学习班。在这一过程中，克莱因制订了一个他所认为的作为一名艺术从业者所应具备的多元规划。[1] 为了能够在日本获得一个教职，他同时给驻法国的日本文化大使和驻东京的法国大使馆写信求助。而在玛丽的介绍下，一位日本的艺术批评家愿意为他提供住处，直到他能安顿自己为止。经过长达数月的准备，在罗斯的支持下，克莱因终于在1952年7月如愿购买了去往日本的船票。

毫无疑问，克莱因在1948年和1952年之间的这一捉摸不定的时期，正是他那无法简化成为一个简单词汇的矛盾人生得以阐释的心路历程。从他在不同的体系和立场的摇摆中，我们可以看到克莱因对于采取一种单一姿态的忧惧。我们同样可以看到，在他自己的设想中，那种日益滋生的希望自己成为一位柔道大师和希望自己成为一名画家的兴趣，也已经开始暗自勾连。在1952年的日记中，他以一种戏谑的方式向自己提出了一个不采取行动便难以回答的问题："柔道究竟是一个欺骗游戏，还是一种力量艺术？"[2]

---

[1] 西德拉·斯蒂奇（Sidra Stich），《伊夫·克莱因》，第28页。
[2] 伊夫·克莱因（Yves Klein），"巴黎日报-马赛报"（1952年1月26日），载于克劳斯·奥特曼（Klaus Ottmann）的《伊夫·克莱因本人：他的生活和思想》（巴黎，2010年），第97页。

3 预备姿势:黑带四段
伊夫·克莱因,1952—1954

> 人们经常会问我,在我的绘画概念中柔道是否扮演着某种角色。一直到现在,我的回答都是"不,它并没有"。事实上,我的这一答复并不准确:练习柔道对我帮助很大。通过柔道,我意识到我是在和自己的身体共同生活,就好像和另外一个人在一起生活一样……柔道帮助我理解图形空间首先是一种精神实践的产物,它本身也正是一种在精神空间里对人类身体的发现。[1]

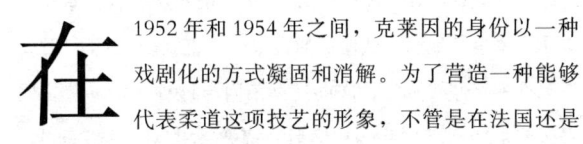

在1952年和1954年之间,克莱因的身份以一种戏剧化的方式凝固和消解。为了营造一种能够代表柔道这项技艺的形象,不管是在法国还是在日本,克莱因都要去艰难地应对"本土"和"外来"这

---

[1] 伊夫·克莱因(Yves Klein),"柔道",《克服艺术难题:伊夫·克莱因的著作》,克劳斯·奥特曼(Klaus Ottmann)译(康涅狄格州帕特南,2007年),第2页,第4页。

两种身份的考验。在克莱因所有的多重身份中，这是他策略性地有意释放和维持的诸多张力之间的一组对峙。在悲喜两极来回摇摆的克莱因，终于抵达了柔道生涯的顶峰，获得了讲道馆授予的第四段位——黑带。自此以后，柔道这项东方武术艺术开始逐渐变成了克莱因的第二活动。如果克莱因在艺术方面的成长意味着他在柔道上付出的削减，那么，长年以来他所致力于的对于禅宗哲学的系统学习和自由吸收，则在克莱因的审美观念上打上了永久烙印。

我们或许还记得克莱因那个投身于日本文化的理想，在第二次世界大战余波未平的彼时，这种想法是很不同寻常的。在许多人眼中，他不会真的开始那个去往日本的旅程。战后一片废墟中的日本，尤其是1945年广岛和长崎的两颗原子弹，使得日本无论如何都不是一个理想的旅行目的地。在雅尔塔会议之后，盟军占领了日本（从1945年8月到1952年4月），同时也剥夺了日本对于后来被苏联和美国以三八线为界而南北分治的朝鲜半岛的统治权。随着南朝鲜和北朝鲜在1950年爆发冲突，美军和联合国军将日本作为军事基地和舰队停泊的口岸，一直到1953年7月交战双方签字停战协定。这也是克莱因与这种政治局势之间仅有的牵扯，1952年8月22日，克莱因搭乘"马赛曲号"（La Marseillaise）起航驶向日本。这艘船的主要使命，是为朝鲜半岛战事运送联合国军士兵。在历经数月的航行中，"马赛曲号"沿途停靠了许多地方，克里特岛、埃及、吉布提、科伦坡、新加坡、西贡、马尼拉和中国香港。每到一个地方,克莱因都激动地将他所看到的景色用相机拍摄下来,并在当地的地标性景点前摆造型留念。身穿板正衬衣和笔直西裤的克莱因,留下了各种各样的纪念照。有在新加坡乘坐人力黄包车的,也有在香港商业街的喧闹中观光的。而当他抵达旅程的终点横滨后,他的第一个纪念品是一张积雪覆盖下的富士山的照片。

随着同家乡的距离越来越远,克莱因也越来越能理解,在两种完全不同的文化语境中,自己作为一个外来者去热爱柔道意味着什么。他坦言,未出发之前,当他告诉巴黎的朋友们自己想要去日本,并且"是为了一些东方的古老文化,比方说柔道的时候,所有人都觉得他是在开玩笑……我父母的朋友还有我的朋友长时间以来都因为这件事而嘲笑我"。[1] 更令克莱因感到诧异的是,当他踏上日本的土地,"没有日本人愿意相信我来到这里仅仅是为了学习柔道"[2],他们对待克莱因的热情并不火热。尽管经常有外国人到庄严的东京讲道馆——日本柔道的最高机构学习,但克莱因还是被告知这不是一个值得如此长途跋涉的运动。"这里的人们在款待我的同时告诉我,柔道不是一个人在很小的时候就应该练习的运动……柔道是野蛮的……它并不

---

[1] 泰木希·热内夫利耶-陶斯蒂(Terhi Génévrier-Tausti),《伊夫·克莱因的逃亡:传奇的起源》(巴黎,2006年),第50页。
[2] 同上。

具有能让一个人从如此遥远的地方专为它而来的重要意义。"[1] 与此同时，尽管克莱因已经练习柔道多年，但是他依然被视为是一个无法感受柔道之魂，也并未拥有柔道文化之根的门外汉。对于自己的这种边缘地位，克莱因非常清楚。他在日记中写道："由于我不是一个日本人，所以就无法理解这一整套东方神秘主义的东西，同时我也并不觉得自己能够彻底理解这些。"[2] 在他的好朋友和练习柔道的同伴让·瓦雷莱（Jean Vareilles）眼中，"他的技术很好"，克莱因被他自己所描述的那种"永恒抽象性和纯粹精神性"同时又"混合着激情与情感运动"的柔道的招式套路所深深吸引。[3]

在横滨的最初几周，克莱因都住在高千代植村（Takachiyo Uemura）家中。高千代植村是战后日本艺术批评的领军人物之一，也是玛丽·雷蒙德和弗雷德·雷蒙德的好朋友。克莱因和高千代植村每天都会碰面，在这位批评家的回忆中，克莱因对于相扑运动员用自己在纸上的手掌印作为签名这件事非常感兴趣。[4] 在1952年10月9号，为了能再离讲道馆近一些，克莱因搬到了东京的一个小房

---

[1] 泰木希·热内夫利耶-陶斯蒂（Terhi Génévrier-Tausti），《伊夫·克莱因的逃亡：传奇的起源》，第50页。
[2] 同上。
[3] 让·瓦雷莱（Jean Vareilles），"伊夫·克莱因柔道术"，《柔道的基础》（巴黎，2006年），第 xix 页。
[4] 热内夫利耶-陶斯蒂（Génévrier-Tausti），《伊夫·克莱因的逃亡：传奇的起源》，第65页。

子里。让克莱因感受到挫败感的是,他之前在法国学习柔道所取得的段位一概没有得到承认,他的段位必须从零开始,从最低级的"白带"开始。但对于克莱因来说,他相信这正是他使命的召唤。他开始通过定期服用安非他命以及注射钙液来执行一个异常严苛的训练计划。在柔道之乡修行的兴奋和欣喜溢于言表:"在柔道的神圣发源地,我一定要努力训练自己,然后以一个冠军和大师的姿态重返法国。这就是我的未来。"[1] 尽管在给姨妈罗斯的信中克莱因的讲述可能有些夸大其词,但是从克莱因的信中依然可以推断出他的作息:早上七点半左右起床,晚上十点左右上床睡觉,每天白天大概有五个小时的时间都在进行柔道训练。克莱因通常都是到当地的一个柔道武馆或者讲道馆训练,由于路程较远,克莱因经常抱怨在公共交通上花费了太多时间。在这一期间,那个庇护他不断成长的家庭一如既往地在扶持着克莱因,姨妈罗斯为他支付了学费和生活开支。当然,克莱因有一些自己的兼职,比如在当地的法语培训机构中教法语,再比如为两个法国孩子充当家庭教师。克莱因手账里粘贴的诸多照片,有在黑板上写板书的,有全神贯注看书的,都是克莱因严肃教师生活的完美写照。在柔道训练之外,克莱因不情愿地进行着自己的教学冒险。

---

[1] 西德拉·斯蒂奇(Sidra Stich),《伊夫·克莱因》,展览目录,科隆路德维希博物馆和杜塞尔多夫的诺德·威斯特法伦艺术博物馆(斯图加特,1990年),第34页。

这些照片下面他写下的一段话，暴露了克莱因所担任角色和他内心之间的分裂："我既扮演着教师又充当着导师……"[1]

克莱因懂得如何最大限度地利用自己的欧洲语言文化背景所带来的本土认知优势，然而他还是在四个月之后放弃了这份兼职，全身心投入到柔道练习中去了。不过，面对依旧缺钱的窘境，克莱因制订了一些计划来做生意，这些生意包括从印度尼西亚向法国出口柔道训练服。不幸的是，克莱因似乎忘记了还有关税这种东西。当一整船的训练服都被马赛海关扣下的时候，他不得不请求姨妈罗斯的帮助。在提供给克莱因固定的日常开销费用之外，罗斯还通过赠送各种礼物，比如睡衣裤、电动剃须刀等日常生活用品，来确保她外甥的生活能够尽可能地舒适。在她的帮助之下，克莱因的生活终于升级到了"欧洲水平"。他开始搬到英国大使馆附近住，并与一个叫作德兰格（Delange）的同样学习柔道的年轻人成了室友。这样，能够每天中午都在圣班丘酒店（Hotel San Bancho）就餐的克莱因，才得以保全自己身为一个欧洲人的体面。[2] 训练之余，他在课余时间经常为他的父母组织作品展，比如 1953 年 2 月 20 日至 22 日在法兰西-日本学会（Franco-Japanese Institute）、

---

[1] 《伊夫·克莱因》，展览目录，乔治蓬皮杜艺术中心，巴黎（1983 年），第 301 页。
[2] 西德拉·斯蒂奇（Sidra Stich），《伊夫·克莱因》，第 34 页。

1953年7月至8月在镰仓现代艺术博物馆、1953年12月3日至15日在东京普利司通画廊。在这些不同的活动中,克莱因不断在自己身上沉淀着来自他的家庭的欧洲身份印记,尤其是玛丽和弗雷德在造型艺术和抽象艺术上的审美谱系。

在作为他父母作品的代言人期间,克莱因开始同新兴批评家濑木慎一(Shinichi Segi)逐渐熟识起来。在濑木慎一的回忆中,克莱因对于当时日本的艺术界漠不关心,他始终全情投入柔道。据说,在他们二人之间,还有这样一段插曲。有一次,克莱因用不同的色彩画出了多种单色画,而当他拿给濑木慎一之后,克莱因得到的只是"礼貌和沉默"。[1] 总而言之,克莱因的任务是要成为东京讲道馆柔道的代表人物,然后载誉而归,回到法国开设自己的柔道俱乐部。二十世纪三十年代,一位来自东京的日本人在巴黎开设了第一家日式柔道馆,这家俱乐部在当时的巴黎很受法国人欢迎。但对于克莱因而言,他认为自己的方法要比那家柔道馆的更权威也更正宗。正是带着这样坚定的信念,如同他之前已经做过的一样,克莱因的段位一路从"白带"又一直升回到"黄带"。1953年1月11日,他终于获得了"黑带一段"的称号,并在同年的7月16日,获得了"黑带二段"称号。

克莱因确信,他必须获得需要多年辛苦训练才能达到

---

[1] 安妮特·卡恩(Annette Kahn),《伊夫·克莱因:蓝色大师》(巴黎,2000年),第96页。

的难度极高的"黑带四段",才能胜过他在法国的竞争者。但是,他并非一帆风顺。在给姨妈罗斯的一封信中,克莱因的这一处境得以揭示:

> 我受够了这个国家,在这里我简直成了一个神经质。现在我想要的只有一件事:那就是尽快回到法国。但无论如何,我始终记得自己来到这里是为了什么。我一定要从讲道馆获得"黑带四段"……作为一个外国人,我被认可为是最好的外国学生,所有的导师都认为我配得上第四甚至第五段位。但是,啊,他们或多或少都有些排外,他们不会给一个外国人升段,除非这个人在挑战中获得了至少十次胜利。要么也许他们想要收受贿赂吧。[1]

克莱因恳求姨妈能给讲道馆的秘书长田代先生写一封保证信,保证克莱因有"三百万到四百万法郎"可支配的资金,这些钱足够在巴黎开设一家柔道俱乐部。克莱因相信他的这场"战斗"无论如何都会获胜,同时他也相信自己能够置于死地而后生。[2] 与此同时,克莱因还向他之前学习过柔道的尼斯、马德里和巴黎的俱乐部去信,希望他们能够在自己获得第四段位之后保证聘请他为"技术指

---

[1] 西德拉·斯蒂奇(Sidra Stich),《伊夫·克莱因》,第 35 页。
[2] 同上,第 35—36 页。

导"。[1] 在收到外甥的求援之后，罗斯在 1952 年 11 月 18 日按照克莱因的意思给田代先生写了一封信。但是在时任讲道馆馆长卸任的十一天之后，也就是在 1953 年 12 月 7 日那天，罗斯收到了田代先生的回信，田代在信中拒绝提供帮助，但确信克莱因最终会成功。田代先生的理由是，由于克莱因"有着纯粹和单纯的对于柔道的热情，他能跨越万水千山来到日本——这个地理上非常遥远的地方就足以证明，并且他还有着在欧洲发展讲道馆正统柔道的未来计划"。[2] 在之后短短两个月之内，一系列不可思议的事件逐一被证实。克莱因已经完全掌握并激活了自己在东方和西方夹缝之中游走的身份。为了找到一个辅导法语的工作，他机智地利用了自己"法国人"的身份。而一旦回到讲道馆，他就立刻开始摒弃自己的外国人身份。与此同时，他知道如何将自己打扮成为一个在法国的正统日本柔道代言人。在他的描述中，他是日本讲道馆柔道术的真正"内行"。而当他成为首位获得讲道馆"黑带四段"的外国人之后，狂喜之下的克莱因立刻乘坐"马赛曲号"踏上了返乡的归程，并在 1954 年 2 月上旬抵达了尼斯。

在他回来后不久，也就是 1954 年的 2 月 19 日，克莱因向法国柔道协会提出申请，希望他们认可自己在日本所

---

[1] 西德拉·斯蒂奇（Sidra Stich），《伊夫·克莱因》，第 35—36 页。
[2] 同上，第 37 页。

获得的荣誉。但是，出乎意料的是，法国柔道协会拒绝了克莱因的申请，毫无防备的克莱因陷入了极大的震惊之中。克莱因被告知，他在日本所取得的段位是无效的，如果克莱因想要证明他的能力，他就必须参加法国的柔道考试。这个消息对于克莱因来说是灾难性的，因为如果没有法国柔道协会的认定，他就不能参加任何欧洲官方举办的锦标赛，也不能在法国取得执教柔道的资格。

这种对克莱因的巨大伤害，使得克莱因义愤填膺地拒绝参加法国柔道协会所举办的考试，并陷入彻底的沮丧之中。"这是一个灾难，"在他给姨妈罗斯的信中这样说道，"我完全绝望了……我本以为在巴黎能以一个胜利者的姿态受到欢迎……但却只收到了嫉妒、猜忌和欺骗"。[1] 在克莱因的纷繁思绪中，他所遭受的这种抵制是由于巴黎的柔道协会"害怕"这样一个"真正"高段位的柔道家会成为反对他们的力量。[2] 不管是他的父母还是姨妈，他们都试图对法国柔道协会的这一决定施加影响，只不过，他们全都无功而返。克莱因的希望破灭了，在极度的恶心之中，他发誓要放弃柔道这项运动。

克莱因花费了好几个月时间才从这记暴击中恢复。在1954年4月17日，克莱因终于时来运转了。著名的伯纳

---

[1] 安妮特·卡恩（Annette Kahn），《伊夫·克莱因：蓝色大师》，第108页；西德拉·斯蒂奇（Sidra Stich），《伊夫·克莱因》，第39页。
[2] 安妮特·卡恩（Annette Kahn），《伊夫·克莱因：蓝色大师》，第108页。

德·格拉塞特出版社（Editions Bernard Grasset）同克莱因签订了一份合同，这家出版社请克莱因撰写一本关于柔道的书籍。当克莱因在东京的时候，他拍摄了许多关于柔道的照片，同时他还和那个同他一起学习柔道的来自加利福尼亚的名叫哈罗德·夏普（Harold Sharp）的朋友一起制作了一部关于柔道的小电影。夏普的那台16毫米相机，帮助他们二人收集了八千张底片，这其中包括柔道基本动作的分解介绍，以及对于日本的柔道冠军们的特有技术的演示。

> 我请这些柔道冠军以入式练习（uchikomi）的方式呈现他们的特殊技，也就是说，去展示他们的动作的准备和完成的特殊方式。然后用镜头拍摄下他们在同不同对手的战斗中是如何施展这些招式的，以便展示他们所有的出手时机。[1]

在大量影像资料的支撑下，克莱因完成了一本关于柔道基本方法的内容丰富详实的指导书籍——《柔道的基本原理》(*Les Fondements du Judo*)。这本书包括五十张图示，三百七十五张相片，被誉为将"真正的日本柔道方法"介绍到了欧洲。在著名柔道大师安部一郎（Ichiro Abe）为这本书所写的序言中，他高度称赞了克莱因，并认为克莱因的这本书填补了"欧洲学术在柔道方面的空白"。[2] 如果说

---

[1] 西德拉·斯蒂奇（Sidra Stich），《伊夫·克莱因》，第34页。
[2] 安部一郎（Ichiro Abe），"序言"，《柔道的基础》（巴黎，2006年），第16页。

在日本柔道界克莱因只能作为一个"外人"的话,那么在欧洲,他如今已经成了法国最知名的柔道代言人。成为讲道馆柔道正统在法国的化身,是这位"本土弟子"对于法国柔道协会曾经的残忍拒绝的回应。

实际上,克莱因还有一个拍摄一部实验电影的宏大构想没有实现。在高千代植村1960年12月所写的一篇未发表的名为《克莱因在东京》的文章中,这位日本批评家认为:克莱因想要将柔道动作转换成"能直接在电影中追溯演示的抽象的动画线条或者轨迹"。[1] 尽管克莱因没能成功地从日本摄影协会申请到经费,但在他的心中这样一个计划始终存在。在1954年,他还给法国著名导演让·高克多(Jean Cocteau)写信,希望能邀请他作为自己宏大构想的导演并为自己撰写一个剧本。在关于这部电影的名为《柔道-设想草稿一号》(*Draft for a Scenario no. 1 - Judo*)的简短计划中,我们可以得知,这部影片的计划胶片长度为一千五百米,也就是大概六十分钟甚至两倍于此的时长。而这部电影的目标则是"从不同的日本运动中分离出诗的规则"。[2] 正如许多克莱因先前的想法一样,这个设想同样被搁置到了一旁。不过,这份草稿也表明了克莱因对于巴黎当代先锋电影思潮中激进左翼集团解构电影传统和结构的实践有着清楚的认识。

---

[1] 西德拉·斯蒂奇(Sidra Stich),《伊夫·克莱因》,第255页,第74号。
[2] 同上,第255页,第75号。

由于缺少法国柔道协会的授权，克莱因并不能从事正式的柔道训练，这使得他成了一个没有舞台的舞者。不管是同杜弗莱纳在蒙帕纳斯的畅饮，还是姨妈罗斯送给他的豪车雷诺4CV，这些都没有给他带来任何安慰。1954年5月，在费尔南多·佛朗哥·德·萨拉比亚的（Fernando Franco de Sarabia）邀请，以及克劳德·帕斯卡（Claude Pascal）的推动之下，克莱因从尼斯一路自驾到马德里，开始在他的一位老朋友的俱乐部里担任柔道教练。同时他还成了西班牙柔道协会的顾问，开始在巴塞罗那、圣塞巴斯蒂安、瓦伦西亚以及其他一些城市做关于日本讲道馆柔道的巡回讲座。不过，这一期间，克莱因是否为弗朗西斯科·佛朗哥的国民警卫队担任过柔道教练呢？对于这位艺术家来说，这究竟是一次被误导的冒险、一条挣快钱的途径，还是其天马行空的想象力所做的虚构呢？

对于克莱因与佛朗哥的国民警卫队的牵扯，有着相互矛盾的不同版本的说法。这个极具争议的指责困扰着他死后的声誉，同时也为那些认为克莱因的一生都与悖论和矛盾无关的人们增加了一些肉眼可见的困难。克莱因最亲密的朋友和同事皮埃尔·雷斯塔尼（Pierre Restany）以及克劳德·帕斯卡（Claude Pascal），在二十世纪八十年代的两次开创性的展览（休斯顿，1982年；巴黎，1983年）中分别接受采访时，对于这一敏感话题提供了两个不同版本的主线。在这二人之中，雷斯塔尼看起来似乎更加确信这样一种说法:"在马德里,伊夫·克莱因是国民卫队的柔道教练。在1954年,他隶属于负责佛朗哥个人安全的部门。"他还特别指出,在1960年已经成为圆顶咖啡馆副经理的让·拉复(Jean Lafon),能够确认这一事实。而克莱因与法西斯的牵连正是出自这里。[1] 另一方面,在帕斯卡看来,这完全是克莱因所编造的借以离开西班牙的故事。"我知道他已经在西班牙待够了。但他必须给他姨妈一个恰当的理由……或许这是他发明的故事……用来让他那本就很容易担惊受怕的姨妈同意他回来:他与法西斯国民卫队有关联。"[2] 然而,我们永远不会知道在1954年的马德里究竟发生了什么,克莱因的主要精力看起来仍然在柔道上,不管付出什么代价,也与任何政治势力无关。重返西班牙这件事是克莱因人生中众多矛盾时刻的一个。也正是在这一期间,他明确表示了他对于"柔道风靡席卷欧洲的真正时代"的支持。与此同时,在1954年12月,随着《伊夫之画》(*Yves Peintures*)的出版,克莱因也在艺术道路上迈出了自己的关键步伐。[3]

当克莱因卷入了另一个与他柔道家地位有关的争议事件之后,他在马德里的时光结束了。克莱因本想凭借他在

---

[1] 1980年12月6日,皮埃尔·雷斯塔尼(Pierre Restany)和多米尼克·德·梅尼尔(Dominique de Menil)的访谈,德克萨斯州休斯顿的梅尼尔收藏档案馆,第1页。
[2] 1981年5月4日,克劳德·帕斯卡(Claude Pascal)和维珍妮·德·考蒙(Virginie de Caumont)的访谈,梅尼尔收藏档案馆,第2页。
[3] 西德拉·斯蒂奇(Sidra Stich),《伊夫·克莱因》,第42页。

日本学到的武技在西班牙柔道协会获得一个更高的位置，但却被非常明确地拒绝了。失望透顶的克莱因回到了巴黎，并不停地埋怨这项给他带来了诸多委屈的运动。"一切都结束了，"他在一封写给姨妈罗斯的信中这样写道，"我要放弃柔道了，如有必要的话，我将会变成一个流浪汉……对于柔道所开的肮脏玩笑我再也没有任何幻想了。"[1] 这次失败给克莱因造成的打击是毁灭性的。他对他的家庭抱怨道，这个圣诞节他只想一个人待着，没有父母、没有姨妈，没有任何人。由于讲道馆并没有支持克莱因作为其在欧洲的代言人，他还将自己的怒火集中在讲道馆身上。不过，在无计可施的克莱因给讲道馆馆长所写的信中，克莱因将他失败的原因归咎于恶势力的阴谋，将他的无能为力归咎于他在马德里的"外国人"身份。[2]

委婉地讲，克莱因从日本回来之后并没有兑现他的期待，反而在1954年证明了自己之前的设想是多么糟糕。坐在蒙帕纳斯的咖啡厅里，他在日记中坦言，"我正在寻找一些伟大的事情。我明白，一个人在骄傲中也可以找到快乐。我觉得我是一个天才，但是我并没有引起任何轰动"。[3] 不过，不管克莱因感到多么的沮丧，他都没有做好宣布完全放弃自己的柔道家身份的准备。1954年12月，克莱因和他

---

[1] 安妮特·卡恩（Annette Kahn），《伊夫·克莱因：蓝色大师》，第118页。
[2] 同上，第119页。
[3] 同上，第121页。

的朋友萨拉比亚（Sarabia）出席了布鲁塞尔举办的欧洲柔道锦标赛，同时将他的书稿给了伯纳德·格拉塞特出版社。克莱因非常享受那种给自己的书签名的感觉，也为自己出现在电视中而沾沾自喜。在1954即将结束之际，克莱因与查尔斯-亨利·勒·莫因（Charles-Henri Le Moing）在拉斯帕伊大道偶遇，为克莱因的人生开启了一段新的旅程。查尔斯是美国学生与艺术家中心的成员，在他的引荐下，克莱因成了在这个机构的地下室新成立的柔道俱乐部的教练。1955年2月23日，克莱因同这家机构签订了一份买断合同，他要为在美国中心的柔道初学者和较高等级的柔道学生教授讲道馆柔道，一直到1959年的12月15日。通过这家俱乐部，克莱因开始同罗伯特·戈代（Robert Godet）熟识起来。同为第四段位的罗伯特·戈代，是国际柔道协会的创始人。二战期间，罗伯特·戈代曾是抵抗组织的一个联络特工，他的波尔多葡萄酒东南亚经销商的身份是为抵抗组织运送武器的伪装。由于在神秘信念和思想方面二人有着共同的兴趣，尽管在年龄上有着明显差距，我们也很容易明白为什么罗伯特·戈代和克莱因能很快变成朋友。1960年罗伯特·戈代死于一场飞机失事之前，他们二人一直保持着密切的联系。

1955年，在家里的帮助下，克莱因终于在巴黎拥有了一家属于自己的柔道俱乐部——"巴黎柔道学院"（Judo Académie de Paris）。这家位于蒙马特高地克里希区104大道的俱乐部，大约是在1955年9月底或者10月初开始营业。在其宣传海报中，克莱因被描述为"黑带四段，毕业于东京讲道馆"，配图是一个正在使用高难度柔道技术的克莱因的照片。海报上的简介显示，克莱因的这家柔道俱乐部所提供的教学服务不仅有儿童班和入门班，还包括了对"形"（Katas）的教学。与此同时，海报对克莱因的柔道电影制作计划也进行了一些介绍。克莱因的柔道俱乐部在开业之初确实吸引了周边的一些年轻人和成年人，但仅仅在一年之后，也就是1956年的夏天，由于缺少足够的生源，克莱因不得不关闭了这家俱乐部。在这一年的短暂经营期间，克莱因在俱乐部的墙上创作了蓝色、白色以及玫瑰红单色画，每一幅都有七八米长。对于克莱因而言，这不仅仅是一个实用的背景，也是克莱因逐渐在柔道和抽象画概念之间纠缠的一种征兆。根据艺术史家马克·奇塔姆（Mark Cheetham）所说，"画布和柔道垫是共通的"。[1] 克莱因对于讲道馆柔道的信念，使得他倾向于认为艺术实践不仅仅是"纯粹的"或者"自主的"，更是"整体的"。[2] 尤其是在禅宗思想的深入影响下，他逐渐认为柔道是一种"经由身体发觉精神空间"的活动。[3] 对于奇塔姆来说，正是这样的观点激励着克莱因在著名的《跃入虚空》（1960）

---

[1] 马克·奇塔姆（Mark Cheetham），"哑光化单色 Matting the Monochrome：马列维奇，克莱因和现在"，《艺术杂志》，lxiv/4（2005年冬季），第7页。
[2] 同上，第102页。
[3] 西德拉·斯蒂奇（Sidra Stich），《伊夫·克莱因》，第17页。

中尝试"悬空",在《人体绘画》(1960)中将女性裸体作为"活体画笔"。在所有的这些举动中,这位艺术家的目标是取消正式边界,打破常规阶层,融合概念、空间和经验。然而,正如奇塔姆恰到好处地提醒,克莱因的艺术并不是全部都在使用柔道原理。"单色画,炼金术和柔道……它们之间的结合形成了艺术作品的某种连贯的内在生命。"[1]

同克莱因其他的活动相比,柔道不仅是一种锻炼,同时也是一种在特权阶级和人民大众之间、在内部人士和边缘人士之间、在西方旅行者和东方神秘者之间摇摆的身份所自我生发出的生活方式。即使当他关闭自己的柔道学校,从美国中心离职,他也并没有停止独自练习柔道。

---

[1] 马克·奇塔姆(Mark Cheetham),"哑光化单色 Matting the Monochrome",第10页。

4 画家，
1954—1955

> 我想要简单明了。我将会成为一个"画家"。人们会谈论我说：他是一个"画家"。我之所以觉得自己会成为一个画家，一个真实的原因是因为我并不作画，或者，至少表面上如此。我作为一个画家而"存在"的事实将会成为这个时代最伟大的图像作品。[1]

伊夫·克莱因在亨利·马蒂斯（Henri Matisse）去世的那一年成了一名"画家"。这位著名的"野兽派"大师1954年11月3日在尼斯离世，而当时克莱因还在马德里。在马蒂斯生命中的最后十年，他创作了许多剪纸作品，包括蓝色裸体系列（1950—1954）。马蒂斯作品中那种对于蓝色和女性形象的双重致

---

[1] 伊夫·克莱因（Yves Klein），"单色冒险"，《克服艺术难题：伊夫·克莱因的著作》，克劳斯·奥特曼（Klaus Ottmann）译（康涅狄格州帕特南，2007年），第147页。

敬，深远地影响了克莱因。这种影响在若干年之后可以非常清楚地看到，其中最出名的是克莱因的那个蓝色裸体"画笔"。不过，在1954年到1955年之间，这位"柔道运动员"仍然在艺术实践中采取试探性的步伐。或者，更确切地说，在他的父母弗雷德和玛丽的指引下，他们的这个曾长期脱离波西米亚式教养的儿子，通过一种"画家"人设，吸收他父母的风格，又或者采纳那种认可他父母才华的艺术标准，机智地融入了巴黎艺术圈。对于克莱因来说，他所感兴趣的是游离于绘画之外的模糊地带，而不是对于美术传统的全盘接收。在表现世界方面，他对战后的主流绘画风格，无论是具象主义还是抽象主义，都缺少足够的兴趣。在马歇尔·杜尚（Marcel Duchamp）的影响下，克莱因非常敏锐地把握住了特定的艺术和社会传统是如何将一个艺术作品确证为一幅画的。他开始采取双管齐下的策略，去揭示被人们视为普遍真理而广泛接受的精微的艺术合法机制：一方面，通过对媒介的历史和传统的呼吁（作为他的绘画整体性）；另一方面，非常清晰地去模仿它们（通过在特定的时间和地点绘画所获得的意义去揭示变化着的规则）。

尽管克莱因的第一个标注日期的艺术作品始终有争议，但是，1954年11月18日《伊夫之画》和《哈格诺之画》（*Hagenault Peintures*）的出版，意味着他的"画家"生涯开始了。实际上，这种说法还是很稳妥的。在姨妈罗斯的资助下，克莱因的父亲在马德里附近的印刷店为克莱因制作了两套画册。这两套画册（长24.4厘米，宽19.7厘米）一共发行了一百五十册，都是用最好的纸张，同时包含了十张用普通颜料绘制的单色画。克劳德·帕斯卡（Claude Pascal）为这两本画册各自撰写了一个三页长的前言。在这些作品中，有一些带有印刷体"伊夫"签名，而在每幅画的标题之下，都有这个作品的创作地点（巴黎、马德里、伦敦、东京、尼斯），以及另外一些提供了作品的尺寸大小（但是没有注明测量单位）和表明作品归属的说明。比如，"私人藏品"（Collection Particulière），"作者所有"（Appartient à l'auteur/Belongs to the Author），"雷蒙德·汉斯藏品"（Collection Raymond Hains）等。

克莱因在艺术上的这一"开场白"的天才之处在于，通过揶揄批评传统而构建出了一种艺术家人设。而这种传统，则意味着艺术家天生就具有真实性的光环。他并未真正经受那种绘画具体实物的艰苦训练，但为了成为一位"画家"，他只是创造了那种被现有"绘画"流程所接受的"效果"。外观不再是模仿现实，而是真实的建构现实。这种策略在有着简明名称《伊夫之画》的作品的戏谑中被执行了。在这三个简单术语（伊夫、哈格诺、画）的帮助下，克莱因将自己作为一种可选择的不会引起焦虑的快速消费品，提供给了公众。

与此同时，关键之处在于，克莱因的处理使得绘画的行为、意义和传统都陌生化了。尽管作者的名字依然写在前言（帕斯卡的名字在后面），克莱因却通过提供纯粹的图案"文本"，隐藏而不是解释意义，从而解构了传统的创作者观念。精心构思和组织的这一行行文字，也许可以指称"写作"，公众被邀请来"阅读"这个"文本"。但是没有一种叙事的协议能够被一连串的沉默标记解码。虽然他秉持极简主义的姿态，但他依然同意仿照惯例，让一位知名的批评家或者哲学家写一个解说和肯定艺术家作品的前言。如果一本画集通常来说都是为一个艺术家已经发表和展览的作品而辑录的话，克莱因将这些在这个意义上并不存在的画作做成画集出版似乎显得有一些幽默。"伊夫"，这个尚未创作出属于这个名号自身代表作的不知名艺术家，通过展示复制品而不是原作的方式，颠倒了常规的艺术事业发展顺序。虽然克莱因并没有明文提及杜尚，但是他确实拥抱了战后艺术实践可能性的一种特殊情形——现成品艺术。

正如艺术史学者丹尼斯·里奥（Denys Riout）所言，克莱因的画集让人联想起十九世纪晚期法国幽默作家阿方斯·阿莱（Alphonse Allais）的作品。[1] 这位经常同蒙马特的黑猫夜总会联系在一起的作家，在1883年"不连贯艺术沙龙"上就已经进行了单色画展览。他的代表作是《四月

---

[1] 丹尼斯·里奥（Denys Riout），《单色绘画：流派的历史与考古学》（尼姆，2003年），第18页。

傻瓜辑》(*Album primo-avrilesque*),一本对当代色彩和线条夸张演绎的书。在克莱因对抽象进行精简的十五年之前,阿莱的书中就已经有了整整七页的单色画展示,阿莱把这样的创作称为"单色脉络"(Monochroidals)。在阿莱的书中,每一幅单色画都放置在一个装饰框里,并配有一个讽刺性的名字。出于对象征派诗人以及他们那种通感万物的热情,阿莱给那副蓝色的画板命名为"啊,地中海,新兵蛋子第一次发现您的蔚蓝时的晕眩"。以同样的方式,这个专辑还包括了一个两页的"三月葬礼"(专为一个伟大的聋人所准备的葬礼),用一把透明的指挥棒使人想起五线谱在试图捕捉声音时的无力。克莱因的早期作品是对阿莱的致敬或者模仿吗?克莱因是否知道这些作品呢?尽管相隔超过半个世纪,两个艺术家都将戏仿视为揭示作为意义载体的线条和色彩的一个方法。为了成为"单色画伊夫"(Yves Le Monochrome),人们也许认为克莱因会将他自己的身份仅仅寄托在色彩的单一元素上。然而,正如他一再展示的那样,他的身份从来不会绑定在一个单一成分中,而是在不停歇的变换之中,并在多重概念的刺激下才得以建构。在《伊夫之画》和《哈格诺之画》里,色彩和线条在艺术家人格的建构和展示之中扮演着同样重要的角色。

克莱因知道,要想成为一个"画家",不仅需要在创作意图中将受众纳入考虑,同时还需要激发公众的反应。在艺术理想和大众趣味相互抵牾的地带之中,克莱因的艺术个性得以塑造。尽管组成这两本画册前言的水平线并不能在它们各自的图像身份之上勾连任何东西，这些画也不代表"原稿"。但克莱因很清楚地知道，线条（作为文本）和色彩（作为图像）都是通往现有的以及想象中的大众道路的形式。他花费很大的精力坚决拒绝那种认为线条和色彩有一种呈现自己的"正确"方法的根深蒂固的观念。对于克莱因而言，这并非欺诈或者伪善。为了以不同的方式引导观众去理解他们所熟知的传统，克莱因为他们准备了一个尚未到来的舞台。虽然他的志向依旧与柔道相关，但是开始将事实与虚构、原创与复制、真挚与戏谑融合在一起的克莱因，已经开始以一种完全与众不同的"画家"人格发出了振聋发聩的声音。而这种人格，在当代的概念词典中并未出现过。

1954年的12月初，在这两本画册出版后不久，克莱因从西班牙回到了法国。此时并未有一个确定规划的克莱因，走进了另一个回合的摇摆不定之中。在家庭的财政支持下，他开设了自己的柔道工作室。但是，作为一个画家去赢取关注的可能性，开始不停地撩动着克莱因的心弦。克莱因踏入艺术圈的入场券（entrée），很大程度上得益于他父母在巴黎艺术圈的地位。不过，这位"玛丽之子"最感兴趣的，是与这些将蒙帕纳斯视为自己家乡的年轻一代艺术家们的交往。由于时常出入周边的小餐馆和咖啡厅，他开始同让·丁格利（Jean Tinguely）、雅克·维勒特莱

(Jacques Villeglé)以及雷蒙德·海恩（Raymond Hains）变得熟络起来，这些艺术家后来都成为新现实主义流派的一分子。克莱因还同雅克·坡列热（Jacques Polier），一位崭露头角的舞台设计师；爱德华·亚当（Edouard Adam），一位当地的艺术用品店主；鲁道夫·皮雄（Rodolphe Pichon），一位免费为年轻艺术家设计服装的裁缝，建立了良好的友谊。克莱因开始成为鲁道夫·皮雄位于康帕尼大道的工作室的常客。正是在这条画室鳞次栉比的窄街上，克莱因遇到了塞萨尔（César）、森·山方（Sam Szafran）以及伯纳德·昆汀（Bernard Quentin）。在罗伯特·戈代（Robert Godet）的引荐下，克莱因还结识了一些地位较高的圈内大佬，比如曾经经营国际当代艺术画廊（the Galerie Internationale d'Art Contemporain）的阿奎恩伯爵（Count Arquian）。同时，他还被引荐给了一些寻找潜力股的收藏家。不过，相比之下，这些相遇中，更重要的或许是在戈代的介绍下，克莱因同被人们称为"巴巴"（Baba）的伯纳黛特·阿兰（Bernadette Allain）的相识。这位年轻的建筑师后来成了克莱因的固定女友、精神伴侣、柔道伙伴，一位多年来都不为人所知的拍档。

1955年，克莱因变得不拘一格起来，他开始用多种色彩和材质创作单色画。在当时，如果想作为一名正经画家被艺术界认可，常规途径是在一些沙龙的展览中提交自己的作品。于是，1955年5月，克莱因向新现实沙龙（the

Salon des Réalités Nouvelles）提交了一幅名为《铅橙世界的表达》（*Expression de l'univers de la couleur mine orange*）的哑光橙色画板。成立于九年前的这个沙龙，致力于抽象作品的展示。同时，这个沙龙从诞生之初就会定期举办关于玛丽·雷蒙德作品的研讨会。不过，令克莱因感到震惊和愤怒的是，这幅在他看来完美无缺的橙色单色画——除了日期和签名打破了统一感之外，在 1955 年 7 月 5 日被新现实沙龙拒绝了。就好像马塞尔·杜尚的《泉》在 1917 年被独立艺术家协会拒绝那样，克莱因的作品与评审们的冲突揭示出的一点是：对于主流艺术评判标准来说，克莱因是一种威胁。

在克莱因的文字记述里，最引人注目的是他关于这次事件的意见中所能反映出的"画家"个性，而不是他那幅画作的品质。在他那经常以大师级虚构著称的文字中，这次冲突只得到了一些谨小慎微的描述：

> 1955 年，在那个时代进行展览，需要我首先进行注册。在向沙龙秘书详细讲述了我主要做的不是造型……以及向他展示了一些照片（虽然我已经被告知从画册中拍摄照片很难获得很好的效果）之后，他们收下了我的登记费，接受了我的注册。几个月之后，我收到一个通知，让我带着我的作品到巴黎市立美术学院参加评审。[1]

---

[1] 伊夫·克莱因（Yves Klein），"单色冒险"，第 138 页。

这段平淡无奇的开场白,似乎意味着克莱因轻松地满足了主办方的官方要求(在截止日期之前报到,并且交付相关费用),符合了他们的美学标准(要求展示的是非造型作品)。而在接下来的段落中:

> 在我的作品前,来自评审委员会的成员们正在驻足观看,不过他们很快就达成了一致,并且伴随着一种类似于"正当如此"的赞语。他们给了我一张收据,将这幅被我命名为《铅橙世界的表达》的作品收藏了。[1]

如果评委会和艺术家能达成基本一致就好了。然而,克莱因在接下来的叙述中很快就改变了口吻,因为他已经处于即将发生的分裂的当口:"第二天下午,我收到了一封很短的信。在这封信中,评委会宣称他们将拒绝展览我的作品,并且通知我尽快从'被淘汰作品仓库'中取回我的画作。这封信的口气实在是太傲慢了。"[2] 克莱因当即给评委会写了回信,信中他向评委会一再保证自己的"真诚和严肃的目的,担心他们会将自己的作品视为一种恶趣味的挑衅玩笑"[3]。并且,为了更好地控制事态发展,他还促成了自己的母亲同评委会之间的电话通话。正是在这次通话中,

---

[1] 伊夫·克莱因(Yves Klein),"单色冒险",第139页。
[2] 同上。
[3] 同上。

他与评委会之间的分歧明确了。"您也知道，"他们告诉玛丽·雷蒙德，"他的作品确实不能达到标准，但是，如果伊夫能够同意在他的作品上至少增加一根线条，寥寥几笔就足够，抑或者再增加一些别的色彩。那么，我们就能够同意展览他的作品。因为，如果仅仅只有一种单色，噢不，真的，这真的不成。"[1]

克莱因斩钉截铁地拒绝改变他作品的任何一部分，他也因此被"新现实沙龙"礼貌而又冷酷地拒之门外。一份并未发表的文章显示，作为回应，克莱因给他的大约五十位朋友写信号召他们在开幕式的时候抗议克莱因作品的被淘汰。他们"疯狂地跺着地板并且高喊：不，不，不，这幅画将不会被展览，不，不，不"[2]。这不和谐的一幕似乎颠倒了抽象主义的本质，克莱因和新现实沙龙评委会之间的对峙，从根本上揭示了审美趣味上的一致性并不是普遍存在的，但却通常存在于官僚和体制的评判之中。通过对一系列事件的嘲讽，克莱因使得评委会像是保守派小丑一样，并让自己成了一位由于过于前卫而不被这个时代所理解的"画家"。这也是理解克莱因深远意义的一种有趣例证。克莱因的"画家"身份不仅意味着他毕生的艺术创作，还意味着他所引起的公众影响。

---

[1] 西德拉·斯蒂奇（Sidra Stich），《伊夫·克莱因》，展览目录，科隆路德维希博物馆和杜塞尔多夫的诺德·威斯特法伦艺术博物馆（斯图加特，1990年），第58页。
[2] 同上，第59页。

也正是在这一背景下,克莱因发起了一场邀请诸路艺术批评家去观看他作品的小型运动。但是,克莱因成功的希望依然很渺茫。在一封写给雅克·图尼耶(Jacques Tournier)的袒露心迹的信中,他很清楚即将到来的对于他的评价都会是什么样子:"你也许会告诉我,我这种反色彩的绘画实在是太容易被模仿,并且似乎每个人都可以创作它们……但是,并不是所有人都可以在一幅画布上以一种令人满意的方式用一个刷子、滚筒、喷枪涂抹色彩的,如果他不具备相应的文化素养和技术知识的话。"[1] 尽管有着这样的预期,但依然有一个人并没有对克莱因和他的艺术嗤之以鼻,这个人就是青年评论家皮埃尔·雷斯塔尼(Pierre Restany)。

---

[1] 安妮特·卡恩(Annette Kahn),《伊夫·克莱因:蓝色大师》(巴黎,2000年),第130页。

5 先锋艺术家，
   1955—1957

> 马列维奇（Malevich，几何抽象派画家）与我的关系，使得以时间现象学那不可估量的精神的静力学速度离开成为一种可能，并让我能够坦诚且镇静地得出马列维奇曾根据我的一副单色画创作了一副静物画这一结论。[1]

新现实沙龙的拒绝成了克莱因自我形塑的转折点。当新现实沙龙抵制他的橙色单色画时，为了维护自己的名誉，一份抗议书开始在巴黎的艺术界流传，并被人们广泛签署。尽管这并没有改变评委会的决定，但他的名字已经同反抗的姿态不可磨灭地联系在一起了。正如那些在1863年被新现实沙龙否决，并因此招致恶名的艺术家们一样，克莱因意识到与艺术体制较量的力量来自自身内部的美学标准。克莱因逐渐开始成为一

---

[1] 伊夫·克莱因（Yves Klein），"单色冒险"，《克服艺术难题：伊夫·克莱因的著作》，克劳斯·奥特曼译（康涅狄格州帕特南，2007年），第170页。

位"先锋艺术家",并在这一越界的过程中获得越来越多的声望。既然如此,那他为什么又要安于成为一个"画家"呢?带着这样的想法,在 1955 年至 1957 年之间,克莱因用尽一切手段去执行早期先锋派艺术家的策略,用以反对资本主义社会在运行中所贯彻的价值、传统以及权力体系。随着克莱因对于那个自己曾经极度渴望加入的体制的不断挑衅,他的艺术事业也开始蒸蒸日上了。

1955 年 10 月 15 日,在十七郡维利耶尔的 121 大道上的单身俱乐部,正如人们所能预料的那样,克莱因在他父母的居中周旋下获得了一个展位。在这个与拉科斯特出版集团位于同一座大楼的展厅中,克莱因的展位展示了大约二十种不同颜色的单色画。克莱因将这个展览称为"伊夫之画"(*Yves Peintures*),在展览的介绍中,克莱因摘录了他写给评论家雅克·图尼耶(Jacques Tournier)信中的一段文字。克莱因在这段文字里热情地歌颂了色彩的统一在情感谱系唤醒上的作用。"对于我来说,"他写道,"色彩的每一处细微差别,在某种程度上,都是独特的……它们代表着温柔的、疯狂的、暴力的、庄严的、粗俗的、冷静的,等等。"[1] 用一种拐弯抹角的方式,这段介绍还涉及了他当时在新现实沙龙的经历。他本来想在新现实沙龙展出的展品正是如上理念,在统一的橙色上面增添一些格式层面的

---

[1] 伊夫·克莱因(Yves Klein),"1955 年 10 月 15 日在巴黎拉科斯特出版社举办的展览'伊夫之画'的文字",《克服艺术难题》,第 12 页。

因素。在介绍的最后,克莱因坚称他的兴趣不过是在于"以一种抽象物质表现抽象概念",却把作品交给了那些由于"拒绝将色彩和色彩并置,并否认在色彩之间所能激发出各种联系"而"抨击"他的抽象画家手中。[1] 尽管采取了各种策略上的宣传,但这次展览的开幕式并没有吸引太多的观众。收藏家、画廊老板以及艺术评论家也并没有接受克莱因作为一个严肃艺术家的身份。并且,由于展览的地点太过偏远,如果不是一开始就计划好来观展的话,很少有人会恰好出现在那里。

克莱因深知他必须进一步提高他的知名度,他将他的首秀视为一种"展览社交"。[2] 克莱因试图同尽可能多的人建立联系,以便为下一次展览做好铺垫。尽管那些前来看展的人大多对克莱因的作品报以冷嘲热讽,但无论如何,克莱因都完成了他的既定计划。虽然他既没有能成功"出圈"(succès de scandal),也未能成功"入圈"(succès d'estime)。但是公众的强烈反应引起了皮埃尔·雷斯塔尼(Pierre Restany)的兴趣。他的到来,不仅改变了克莱因,也改变了他自己的人生轨迹。

1930年,皮埃尔·雷斯塔尼出生在位于比利牛斯山的

---

[1] 伊夫·克莱因(Yves Klein),"1955年10月15日在巴黎拉科斯特出版社举办的展览'伊夫之画'的文字",《克服艺术难题》,第12页。

[2] 西德拉·斯蒂奇(Sidra Stich),《伊夫·克莱因》,展览目录,科隆路德维希博物馆和杜塞尔多夫的诺德·威斯特法伦艺术博物馆(斯图加特,1990年),第258页,第37号。

一个名为阿梅利耶莱斯（Amélie-les-Bains）的小山村中，著名的白色之城卡萨布兰卡（Casablanca）见证了雷斯塔尼的童年时光。雷斯塔尼的父亲是一位成功的商人，同时也是戴高乐将军的忠实支持者。1949年，雷斯塔尼开始在巴黎著名的亨利四世中学（Lycée Henri IV）学习法国立行政学院（Ecole Nationale d'Adminstration）的预备课程。但是随着他入学考试的两次失利，雷斯塔尼最终进入了意大利比萨的一所大学学习艺术史和意大利语。在他为期十八个月在爱尔兰的交换学习期间，雷斯塔尼开始对手工绘本有一定研究。雷斯塔尼在语言方面一直很有天赋，他在很小的时候就已经能创作诗歌，同时还有着丰富的文学知识积累。在爱尔兰的这次学术迂回，成了点燃他的艺术热情的星星之火。1953年，在父亲的坚持要求下，雷斯塔尼很不情愿地回到了法国，开始了一份在法国政府的公共工程、交通与旅游部起草文书与报告的工作。这份让雷斯塔尼在经济上独立的公务员工作，使得他能够遵循自己内心的意愿去生活。不久，雷斯塔尼便成了聚集在位于圣日耳曼德佩中心的法切蒂画廊（Galerie Fachetti）的新兴的抽象艺术界的中坚人物。他的早期评论主要发表在法国杂志《言论自由》（*Libre Propos*）、《证据》（*Preuves*）和《交响曲》（*Symphonie*）上。在他的第一本随笔集中，还收录了一些年轻艺术家，比如克劳德·贝勒加德（Claude Bellegarde）和勒内·劳彼斯（René Laubiès）的文章。1954年，戴高乐主义政治家雅克·沙邦·戴尔马（Jacques Chaban Delmas）邀请雷斯塔尼成为他的内阁工作人员。如果雷斯塔尼想要仕途上有所发展，这个为部长撰写文书的许多人梦寐以求的职位，可以成为重要的垫脚石。但显然，雷斯塔尼的志向并不在此处。他继续在欧洲旅行，与艺术家交往，比如那姆·朱诺（Nam June）和派克·约翰·凯奇（Paik John Cage）；与画廊老板做朋友，比如让·皮耶尔·威廉（Jean-Pierre Wilhelm）和圭多·勒·诺西（Guido Le Noci）。[1]

凭借其卓越的修辞技巧、敏锐的论辩能力以及对艺术坚定的信念，雷斯塔尼逐渐成为一位具有影响力的艺术评论家。当时的艺术评论界发展并不充分，尤其是缺少一位能代表新一代文化创造者的本土代言人。在二十世纪五十年代中期，巴黎的艺术评论家屈指可数，他们每一个人都声称自己代表一个特定艺术群体或绘画风格。首先是宣扬贵族主义的米歇尔·塔皮埃（Michel Tapié，1907—1987），他代表了与抒情抽象派有关的艺术家，其中包括乔治·马蒂厄（Georges Mathieu）、卡米尔·布莱恩（Camille Bryen）、汉斯·哈通（Hans Hartung）以及沃尔斯（Wols）。其次是左翼杂志《战斗》（Combat）的撰稿人查尔斯·艾蒂安（Charles Estienne，1908—1966），作为超现实主义的拥护者，宣称自己代表那些进行"抽象超现实主义"

---

[1] 亨利·佩里尔（Henry Périer），《皮埃尔·雷斯塔尼，艺术的炼金术士》（巴黎，1998年），第9—47页。

创作的艺术家，比如让·梅萨基尔（Jean Messagier）和勒内·多维利耶（René Duvillier）。再次是另一位《战斗》杂志的撰稿人，著名女作家克劳德·里维埃（Claude Rivière，生于1932年），是大多数年轻不知名的艺术家的守护者，同时也是伊利斯·克莱尔（Iris Clert）的支持者。第四位是米歇尔·拉贡（Michel Ragon，生于1924年），他在第二次世界大战期间致力于宣扬无产阶级作家、抵抗派诗人和无政府主义者。但是战后，他将注意力转向了视觉艺术。与此同时，拉贡还是抽象派的拥护者，比如汉斯·哈通（Hans Hartung）、杰拉德·施奈德（Gérard Schneider）、皮埃尔·苏拉热（Pierre Soulages）以及先锋艺术国际组织"眼镜蛇"（COBRA）。最后一个重要的评论界声音是朱利安·阿尔瓦德（Julien Alvard，1916—1974），作为《波纹》（Cimaise）杂志的编辑，他更倾向于"伟大的传统"画家，比如克劳德·莫奈（Claude Monet）。基于对印象派的偏爱，阿尔瓦德发起了一场名为"晦暗主义"（Cloudism）的运动，参加这项运动的艺术家有勒内·劳彼斯（René Laubies）、弗雷德里特·本拉特（Frédéric Benrath）、费尔南多·勒兰（Fernando Lerin）以及纳赛尔·阿塞尔（Nasser Assar）。

在开始支持年轻的先锋派艺术家伊夫·克莱因之后，雷斯塔尼加入了这些法国评论家的行列。由于雷斯塔尼对在单身俱乐部所看到的克莱因的单色画很感兴趣，在阿尔芒的引荐下,他在 1955 年 12 月 1 日同克莱因相见了。在这次会面中,他们先是在一家位于圣日耳曼区杜巴克大街上的咖啡厅喝咖啡,随后到法国政府的一家自助餐厅共进了午餐,最后以郊游作为收尾。[1] 克莱因从一开始就有一个明确的目的,那就是希望能说服雷斯塔尼为他在他父母的朋友柯莱特·阿连德(Colette Allendy)的画廊里的某场画展写一篇评论文章。在丈夫勒内·阿连德(René Allendy)去世四年之后,著名的精神分析学家、巴黎精神病学会的创始成员之一柯莱特·阿连德将她位于第十六区的一栋住宅楼的一楼两个房间改造成了一个画廊。自 1946 年开业以来,柯莱特·阿连德画廊(Galerie Colette Allendy)已经赢得了一个稳固的声誉。在这个画廊历年来的展览中,既有老一代艺术家的身影,比如索尼娅·德劳内(Sonia Delaunay)、保罗·克利(Paul Klee)以及弗朗西斯·毕卡比亚(Francis Picabia)。也有当时流行的艺术潮流代表,比如抒情抽象主义和非形象艺术。这个被雷斯塔尼亲切地称为"绝望之因"的画廊,成了孕育两代先锋艺术家的温床。[2] 在克莱因那未能获得他所预期的一鸣惊人效果的首次个人展之后,他带着几幅单色画找到了阿连德,试图获得阿连德的认可。阿连德没有被这位年轻人的才能

---

[1] 亨利·佩里尔(Henry Périer),《皮埃尔·雷斯塔尼,艺术的炼金术士》(巴黎,1998 年),第 47 页。
[2] 安德烈·博内特(André Bonet),《伊夫·克莱因,无限的画家》(摩纳哥,2006 年),第 93—94 页。

完全征服,但又觉得如果直接拒绝了玛丽·雷蒙德的儿子会不太好。于是,她想出了一个折中的办法。只要克莱因能够找到一位知名艺术评论家推荐他的作品,她就会同意展出克莱因的作品。面对这样一个难题,克莱因隐约觉得这或许是开启他的艺术生涯的最后一次机会了。克莱因希望雷斯塔尼能成为他的"赞助人",与此同时,被克莱因的人格魅力和对色彩的独特想法所打动的雷斯塔尼,同意了克莱因的请求。正如之前所承诺的那样,阿连德同意在第二年的展览名单中为克莱因留出一个位置,让克莱因举办一场个人画展。艺术家和评论家之间的这一契约,点亮了一种终生互利的关系。

随着这一重大事件的迫近,克莱因在他的柔道工作室疯狂地工作。克莱因所要寻找的,是一种"超凡的、有[自己]自主生命的"完美色调,这意味着他不仅要在爱德华·亚当(Edouard Adam)的商店待上很长时间,还要与伯纳黛特·阿兰(Bernadette Allain)就感知和颜色进行大量的探讨,并对不同比例的油漆、稀释剂和黏合剂进行似乎看不到尽头的试验。[1] 由于无法获得一种"能够在不改变颜色的情况下将纯颜料固定在载体上的介质",他开始向法国著名的化学和制药公司——罗纳-普朗克(Rhône-

---

[1] 伊夫·克莱因(Yves Klein),"单色冒险",《克服艺术难题:伊夫·克莱因的著作》,克劳斯·奥特曼译,第 154 页。

Poulenc)公司的专业工程师求助。[1] 罗纳-普朗克公司生产了一种名为"Rhodopas M"或者"M60A"名称的特殊固定剂,这种固定剂由乙醇、乙酸乙酯和氯乙烯树脂组成。尽管这种固定剂有着剧毒,却使得克莱因能够成功制作出散发光泽的粉状表面的画作。[2] 直到"伊夫:单色命题"(Yves:Propositions monochromes,1956年2月21日—3月7日)开幕前三天,克莱因都还在调试自己的作品。这次展出主要由二十幅不同格式和色彩的单色画组成。但在当时,这是一个非常大胆的尝试。因为当时画家所使用的画布一般都是严格的长方形,并且,通过呈现统一颜色的绘画将抽象变成一种逻辑结论,在当时的巴黎,还没有其他艺术家能做到这一点。他的点睛之笔,同时也是贯穿他所有单色画的主旨,就是让每幅画布的边缘稍微有一些圆润,并用与表层一致的颜色涂抹。另外,克莱因还开始在他的许多画作上签上标志性的署名:伊夫的单色画(yves le Monocolone)。

雷斯塔尼在《真理一分钟》(La Minute de Verité)一文中,正面评价并拥护了克莱因单色画的激进性:克莱因的每一个"命题"都定义了一个"视野,一个色彩的空间,

---

[1] 伊夫·克莱因(Yves Klein),"单色冒险",《克服艺术难题:伊夫·克莱因的著作》,克劳斯·奥特曼译,第154页。
[2] 西德拉·斯蒂奇(Sidra Stich),《伊夫·克莱因》,第257页,第26号。

它消除了所有图形文字,从而避开了时间的绵延"。[1] 通过论证克莱因的"绝对客观",雷斯塔尼将克莱因的作品同在他之前就已有的单色画先例(比如野兽派画家马列维奇的作品)以及当代抽象派(即抒情抽象主义和非形象艺术)区分开来。[2] 在消除了所有可能与壁画相提并论的标记制作、人物与背景的关系和装饰方面的因素之后,克莱因提供了一些全新的东西。雷斯塔尼认为,"对于那些中了机器生产和现代都市毒的人,对于那些为追赶时代的步伐而失心疯、被现实所强暴的人来说,伊夫为他们提供了一种来自沉默力量的治疗"。[3] 与塑造其他抽象形式的外在感觉形成鲜明对比的是,雷斯塔尼称赞克莱因的绘画是一种能够引起观众陷入"纯粹沉思"的自主现象。[4]

《真理一分钟》用这些浮夸的修辞和一种类似于先验经验的承诺,成功地激发起了人们对于克莱因展览的兴趣。1956年3月2日,为了能够同好奇的观众见面,同时也能直面各路艺术评论家,克莱因在阿连德画廊组织了一场公开辩论。伯纳黛特·阿兰的一篇文章揭示了公众对克莱因意图的困惑,以及克莱因先锋艺术形象之所以能够形成的秘密。出于先锋派和资产阶级大众之间一直以来就有的争

---

[1] 皮埃尔·雷斯塔尼(Pierre Restany),"关键时刻,1956年2月,巴黎",载于《从另一面艺术看新现实主义》(尼姆,2000年),第54—55页。
[2] 同上。
[3] 同上。
[4] 同上。

议关系，有人询问克莱因是否是出于某种"挑衅精神"才制作单色画，如果是的话，那为什么他又在"刻意对公众缺乏尊重"上花费那么多时间呢?[1] 其他还有一些问题，比如克莱因在日本的影响，克莱因对单面画布的理解，克莱因同以包豪斯（Bauhaus）和勒·柯布西耶（Le Corbusier）的精神为指导的将单色面板融入建筑之中的架构论绘画的关系等。[2] 最让克莱因感到困扰的是，人们普遍倾向于不把每幅画当成一种独立的作品去欣赏，而是用一种分散的思维去看待每幅画，这就"在色彩之外再造了装饰和建筑元素"。[3] 他认为，这种对他的作品的错误理解，源于公众对抽象艺术的先入为主的看法。克莱因之意图的失败传达意味着一件事：公众将不得不接受一种新的观看之道的教育。然而，即使是克莱因也无法摆脱西方资产阶级思想中主体传统的束缚，比如他认为"颜色的每一处细微差别……都是一个个体，一个与原色同一族类，却拥有独一无二的个性和独具一格的灵魂的独立个体"。[4] 尽管舆论反应褒贬不一，但无论如何，克莱因在阿连德画廊所举办的这次展览都是他艺术事业的一个转折点。

---

[1] 伯纳黛特·阿兰（Bernadette Allain），"画家伊夫的单色命题"，《色彩》，15（1956年），第25—27页。
[2] 同上。
[3] 伊夫·克莱因（Yves Klein），"我在线条与色彩之间的斗争中的位置"，《克服艺术难题》，第20页。
[4] 伊夫·克莱因（Yves Klein），"1955年10月15日在巴黎拉科斯特出版社举办的展览'伊夫之画'的文字"，《克服艺术难题》，第12页。

与此同时，他的个人生活也发生了意想不到的变化。在马塞尔·巴里隆·德·穆拉特（Marcel Barillon de Murat）参观阿连德的画廊时，一次偶然的邂逅发生了。穆拉特是圣塞巴斯蒂安（St Sebastian）骑士团的成员。圣塞巴斯蒂安骑士团是一个成立于1452年的法国天主教团体，其目的是保护位于苏瓦松（Soissons）的圣梅达尔（St Médard）修道院的圣塞巴斯蒂安的遗物。根据法兰西共和国宪法，法国是一个政教分离的国家，这就意味着骑士团的作用在很大程度上是仪式性的。精心设计的典礼和五颜六色的盛装（包括一把剑和一顶装饰有鸵鸟羽毛的三角帽），骑士团实在是太合克莱因的口味了。他那喜爱冒险的天性、打小就开始接受天主教的教育、对圣丽塔的崇拜以及对玫瑰十字会的迷恋，非常自然地将他带到了圣塞巴斯蒂安骑士团及其古老仪式的面前。1956年3月5日，克莱因作为一个新人接受了面试，六天后，他在家人、朋友和伯纳黛特·阿兰的见证下，在巴黎田园圣尼各老教堂（St-Nicolas-des-Champs）正式加入了骑士团。一张拍摄于此时的黑白照片显示，克莱因所选择的制服看起来像是一件有银色边的蓝色单色画，他的人生格言也似乎变成了一种英雄般的宣言："为了色彩！反对线条和绘图！"[1] 他还加上了一句个人誓言："我已经被授予圣塞巴斯蒂安骑士团的骑士称号，我将

---

[1] 西德拉·斯蒂奇（Sidra Stich），《伊夫·克莱因》，第79页。

支持纯粹色彩的事业,它被欺骗、占领、压迫,还被线条及其在绘画中的表现削弱。我拥护纯粹色彩的事业,是为了保卫它,传达它,并带领它在最后的荣耀中走向胜利。"[1]

大约在同一时间,玛丽·雷蒙德发现她的丈夫弗雷德正在与英国画家乌苏拉·巴德斯利(Ursula Bardsley)偷情,这导致了他们夫妻分居,以及在 1961 年的最终离婚。玛丽和弗雷德围绕着克莱因所编织的三十年之久的婚姻家庭轰然崩塌。1956 年夏天,克莱因前往法国南部探望姨妈罗斯和他那已经离开了弗雷德并回到卢河畔拉科尔(La-Colle-sur-Loup)的母亲。与以往不同的是,克莱因的这次"返乡",不仅展示了自己的成长,还获得了艺术家的认定。在这一时期,他开始钻研十九世纪画家欧仁·德拉克洛瓦(Eugène Delacroix)的作品,以此作为他对色彩理解的灵感来源。克莱因自称是德拉克洛瓦的"弟子",他把他的作品描述为一种找寻,围绕着"共情的状态,一种真实的或想象的风景,一个物体,一个人,或者仅仅是一团我偶然间凑巧穿过的情感,一种氛围……我渴望在自己的画布上呈现的,正是这种'模糊不定',这种难以言喻的时刻"[2]。克莱因的手边总是常备一个录音机,用来作为记录个人日记和心得笔记的工具。这些情形并没有被他儿时的伙伴们

---

[1] 西德拉·斯蒂奇(Sidra Stich),《伊夫·克莱因》,第 79 页。
[2] 伊夫·克莱因(Yves Klein),"单色冒险",第 140—141 页。

所忽视，他们认为克莱因的改变是巨大的。这其中同克莱因关系破裂最严重的应该就是克劳德·帕斯卡了。当克劳德·帕斯卡推出自己的第一本诗集《西方是蓝色的》（*L'Occident est Bleu*），并由先锋音乐家皮埃尔·亨利（Pierre Henry）配乐，著名演员米歇尔·维托洛（Michel Vitold）和西尔维娅·蒙特福特（Sylvia Montfort）朗读，以每分钟三十三转的速度录制成黑胶唱片时，克莱因并没有出席这张唱片的发布会。

不久之后，专注于自己艺术使命的克莱因，与其他新兴艺术家一起南下参加由评论家米歇尔·拉贡（Michel Ragon）和布景设计家雅克·坡列热（Jacques Polieri）为第一届艺术先锋节（Festival de l'Art AvantGarde, 1956年8月4日—21日）所组织的一场著名展览。这次展览在一栋刚竣工投入使用的由勒·柯布西耶（Le Corbusier）所设计的居民楼（L'Unitéd' Habitation）的天台上举行，对当时艺术创作的许多领域进行了集中展示，涵盖了让·丁格利（Jean Tinguely）、山姆·弗朗西斯（Sam Francis）、谢尔盖·波利雅科夫（Serge Poliakoff）、亚科夫·阿加姆（Yaacov Agam）、赫苏斯·拉斐尔·索托（Jesús Rafael Soto）、皮埃尔·苏拉热（Pierre Soulages）和汉斯·哈通（Hans Hartung）等人的作品。克莱因为这次展览所准备的是一幅红色单色画，其大小和格式都与一年前被新现实沙龙所拒绝展出的那幅画非常相似。或许他展示这幅画的目的，正是为了展示他那被新现实沙龙所拒绝之后的抗争姿态，以及他主动参加这一先锋派活动所创造出的一种戏谑的联系吧。不过，同克莱因的意图恰恰相反，这幅红色单色画变成了勒·柯布西耶所设计的这栋完全以实用为目的的建筑的装饰元素。这位知名建筑师对居民个人品味的唯一妥协是这栋建筑的大门以及每间公寓的门牌都是彩色的。尽管克莱因希望从装饰传统中将色彩释放出来，但在这栋建筑的语境里，他的作品仍可能被认为是对建筑多彩装饰的一种尝试。

1956年11月，克莱因在蒙帕纳斯热闹非凡的艺术家飞地——第一运动街9号楼租了一间画室。有了在美国中心教柔道所挣的钱，克莱因还在拉斯帕伊酒店租了一间小房间，也能更为经常地出入圆顶咖啡厅，在那里就餐。在马赛的一次集体展览之后不久，渴望保持上升势头的克莱因，希望能尽快争取举办下一场展览。他首先去拜访的是一位希腊裔离异女子伊利斯·克莱尔（Iris Clert）。[1] 克莱尔是一家位于圣日耳曼德佩区的被称为"巴黎最小画廊"的先锋画廊的拥有者。这家画廊于1956年2月2日开始营业。没有正式的引荐，也没有安排好的会面，克莱因胳膊下夹着一副橙色单色画，闲逛一般地走进了位于艺术街3号的画廊。虽然克莱尔觉得克莱因如此唐突有些令人难以

---

[1] 西德拉·斯蒂奇（Sidra Stich），《伊夫·克莱因》，第260页，第33号。

置信，但她确实被克莱因的人格魅力所吸引。在他们的会面结束后，克莱尔同意将克莱因的这幅作品在自己的画廊里保留展览一周，她也想知道这幅画将对她的认知产生何种影响。克莱尔把这幅单色画放在一个展台上，并陈列在画廊的橱窗里。这引起了路人、邻居以及保守派艺术学校巴黎法国艺术学院（L'Ecole des Beaux Arts）学生们的嘲笑。在她的自传《彩虹时代》中，她写道：自己的展窗"成了巴黎左岸的'主要吸引力'"[1]。克莱尔注意到，克莱因的单色画似乎有着打破现状的无边力量。这使她确信：克莱因的作品并非没有先锋派的优点。他们之间从此建立的友谊，很快就演变成一种专业的合作关系（当然，也有人怀疑这是一段浪漫的关系）。[2] 与此同时，在皮埃尔·雷斯塔尼的介绍下，1956年11月，意大利画廊老板圭多·勒·诺西（Guido Le Noci）来到克莱因的工作室。在这次临时会面之后，他为克莱因安排了一场展览。而这次展览，被排在艺术圈一年中最沉寂、最无伤大雅的时间：1957年1月的前两周。

这次在米兰的展出，推动克莱因进入了于1957年正式开始的著名的"蓝色时期"。这一时期的标志性事件，是1957年1月2日至12日在位于布雷拉大街的阿波利奈尔美

---

[1] 西德拉·斯蒂奇（Sidra Stich），《伊夫·克莱因》，第260页，第89页。
[2] 安妮特·卡恩（Annette Kahn），《伊夫·克莱因：蓝色大师》（巴黎，2000年），第178页。

术馆(Galleria Apollinaire)所举办的名为"单色提案:蓝色纪元"(*Proposte Monoche/epoca blu*)的展览。在同克莱因的妈妈,以及伯纳黛特·阿兰、皮埃尔·雷斯塔尼、伊利斯·克莱尔商议后,克莱因最终在他的调色板中,将蓝色以外的所有颜色都去掉了。在克莱因看来,蓝色与太空有着独一无二的关联。他诗意盎然地写道:

> 蓝色没有任何维度。"它"超越了维度,而其他色彩则不得不居于维度之中。所有的色彩都同具体的、物质的、有形的思想相联系,而蓝色只意味着大海和天空。[1]

由于蓝色是无处不在的——无论是天空还是海洋,因此克莱因认为蓝色是色彩谱系中最为普遍的一种颜色。虽然这种对象征主义的使用让人一下子就想到十九世纪法国著名象征主义诗人马拉美(Stéphane Mallarmé),但实际上,克莱因围绕一种颜色所编织的这一巨大的象征体系,吸收了许多作家和哲学家的思想,比如诺埃勒伯爵夫人(Comtesse de Noailles)、保罗·艾吕雅(Paul Eluard)、保罗·克洛岱尔(Paul Claudel)和加斯东·巴什拉(Gaston Bachelard)。在这个经过扩张的通感王国,蓝色是"流动的

---

[1] 伊夫·克莱因(Yves Klein)引用加斯东·巴什拉(Gaston Bachelard)的"对盖尔森基兴剧院委员会的演讲",载自玛丽-安妮·西歇尔(Marie-Anne Sichère)和迪迪埃·塞米(Didier Semin)编的《超越艺术和其他著作的问题》(巴黎,2003年),第74页。

液体",也是"巨大的火焰",是"彩绘的穹顶",也是"逐渐可见的晦暗"和"不定幻境"的空间。[1] 这种色彩所具有的梦幻般的品质和不具有维度的特性,对克莱因来说尤为重要。他经常引用加斯东·巴什拉的神秘主义格言作为自己的依据:"最初是虚无;继而是更深的虚无;虚无的更深远之处,是一片深蓝。"[2]

1956年,克莱因继续使用着在爱德华·亚当和罗纳-普朗克公司帮助下调制的特殊配方。在这一过程中,他看上了一种代号为"1311"的深蓝色。尽管这种蓝色确切的配置比例至今仍然是一个谜,但有一份说明显示:"1.2公斤合成树脂Rhodopas M60A,2.2公斤95度变性乙醇,0.6公斤乙酸乙酯,一共4公斤,冷却时搅拌混合。千万不要加热,危险!"[3] 在1957年的这些实验中所产生的这种群青和特殊黏合剂的结合,被克莱因称之为"IKB"(国际克莱因蓝)。这种特别的色彩成了"蓝色纪元"的出发点:在"蓝色纪元"的展览中,共展出了十一幅几乎完全相同的无框"IKB"单色画。这些单色画的尺寸约为30×22英寸(78×56厘米),圆角,哑光,表面略有波纹。它们各自被固定在距离墙壁约6至8英寸(20厘米)的木支架托盘上。

---

[1] 伊夫·克莱因(Yves Klein)引用加斯东·巴什拉(Gaston Bachelard)的"对盖尔森基兴剧院委员会的演讲",载自玛丽-安妮·西歇尔(Marie-Anne Sichère)和迪迪埃·塞米(Didier Semin)编的《超越艺术和其他著作的问题》(巴黎,2003年),第73页。
[2] 伊夫·克莱因(Yves Klein),"在索邦的演讲",《克服艺术难题》,第73页。
[3] 安妮特·卡恩(Annette Kahn),《伊夫·克莱因:蓝色大师》,第158页。

这些支架高度不一,有些与视线位于同一水平面,有些则或高或低,类似于一种随意放置的路标或广告牌。这些单色画在伸入观众的物理空间,成为观众日常生活对象的同时,也强调了墙体的重要性。在这个美术馆中,唯一一幅与这次展览的主题颜色不相符合的,是挂在勒·诺西私人办公室的那幅红色单色画。这幅画一开始曾经被米兰的著名收藏家莫伯爵(Giuseppe Panza di Biumo)所购买,但莫伯爵很快改变主意,又把这幅画还了回来。[1] 而克莱因在声明中说这次展览中所有的展品都被藏家购买是完全不符合实际的。实际上,最终只有三幅蓝色单色画找到了归宿:他们被艺术家卢齐欧·封塔纳(Lucio Fontana)、商人帕拉佐利伯爵(Peppino Palazzoli)和伊塔洛·马里亚诺(Italo Magliano)购买。青年艺术家皮耶罗·曼佐尼(Piero Manzoni)虽然没有购买一幅画,但被眼前的景象深深地吸引住了。比克莱因小五岁的曼佐尼从克莱因的单色画创作中学到了很多经验,1957年,曼佐尼也开始了他自己的单色画创作——"无色画"(achromes)系列作品,即用胶水和陶瓷土石膏制成的全白色画布。

无论是当克莱因在世时,还是在他去世之后,"蓝色纪元"都是至关重要的,对它的分析完全可以占据整整一章。不管是事实上的,抑或仅仅是一个追溯性的说法,克莱因

---

[1] 西德拉·斯蒂奇(Sidra Stich),《伊夫·克莱因》,第259页,第7号。

都声称自己卖出的单色画的价格每一幅都不一致,而这一现象对于理解克莱因的艺术理念有着重要的意义。在他后来的回顾中,克莱因坚持认为,他的每一幅"蓝色主题,尽管都有着相似的外观,但对于观众来说,它们彼此之间的差异是非常明显的"。吸引每一位"买家"的,是每一幅单色画所各自具有的独一无二的"精华"和"氛围",是那种与作品的"材料"或"物理"特征无关的"画质"。在这位艺术家看来,这些作品的不同交易价格,与它们自身独特的诗意有关。虽然克莱因自己给这些画定下了每幅大约两万五千里拉的价格,但是最终多样的交易价格,还是加剧了对绘画客观界限的攻讦。在克莱因的叙述中,买家愿意为几乎相同的单色画支付不同的价格,就意味着他们进入了各自的"蓝色世界的瞬时沉思之境"。克莱因将这种体验归因于单色画的"形象敏感性"的扩散。[1] 尽管克莱因的声明在今天听起来可能有些奇怪,但对于他来说,他始终真诚地相信,相信"蓝色纪元"中的单色画,通过情感变形的激发和新型感知、感官体验的启发,成功地感染了观众。

从当代视角看,克莱因的艺术理论和美术实践,对于拓展绘画"可以是什么"这一问题的可能性起到了非常重要的作用。克莱因从"媒介"的简化定义中摆脱了"媒介"

---

[1] 伊夫·克莱因(Yves Klein),"单色冒险",《过冲》,西歇尔(Sichère)和塞米(Semin)编,第233页。

必须具有独特物质形式支撑的限制,并通过一些新的概念和理论彻底摆脱了这一定义。这也为艺术史学家罗莎琳德·克劳斯(Rosalind Krauss)所提出的"后媒介状态"铺平了道路。[1] 艺术自律的现代主义幻象被单色画以及一系列偶然状况和操作所打破。这些偶然状况和操作包括由克莱因和雷斯塔尼营造的旋转的离散世界,展览所在画廊的建筑特色,观众身体的生理特性,以及当时的市场行情。这个展览是早期的行为艺术吗?在这里,现场的"流动"和不可重复的"即时性",胜过了一直以来的不变的、封闭的美术观念了吗?这是否是一个概念艺术的例子呢?如果是的话,那么在这里,概念就是艺术,并且制造一个实体对象是完全可选的吗?克莱因在"蓝色纪元"中的这些单色画所激发出的艺术的功能,超越了在之前所有方向上的物质实体限制。

克莱因在将自己同以往的先锋派相比较时,似乎始终带有一些对他们的乌托邦理念的反讽意味,这种处理方式最让批评家感到不满。当然,雷斯塔尼对克莱因伸出了援手,在他的一篇热情洋溢的评论文章中,他将克莱因定位为一个与彼埃·蒙德里安(Piet Mondrian)和卡西米尔·马列维奇(Kasimir Malevich)相比肩的社会鼓动家。"这些单色的命题,"他宣称,"要求你们读者承担起革命和反抗独

---

[1] 罗莎琳德·克劳斯(Rosalind Krauss),《北海航行:后中期时代的艺术》(伦敦,2000年)。

裁者的责任。被对象、形式、韵律所蛊惑的蒙昧的现代公民，你们将如何应对这种纯粹沉思的现象？"[1] 雷斯塔尼的战斗话语和克莱因的蓝色世界成功地引起了意大利著名作家迪诺·布扎蒂（Dino Buzzati）的注意，他的一篇名为《蓝、蓝、蓝》（Blu，Blu，Blu）的文章，吸引了很多人来到勒·诺西的画廊参观这次展览。"有人告诉我，这个地方是先锋派中最难以忍受的那部分人的基地，是意大利最具争议性的艺术空间。这里聚集着疯子、无政府主义者、革命者、恐怖分子和狂热分子。"[2] 布扎蒂还指出，纯蓝色之间的差异是不可能区分的，也不可能感知到创作它们时的情感状态的差异。至于公众的反应，布扎蒂注意到，大多数人都对克莱因戏谑正统美学趣味的行为表示蔑视，少数人对克莱因的展览所呈现出的艺术创作的精神表示了赞赏，只有"少数人中的少数"才理解了这次展览的激进性。[3] 其他人，如马科·瓦尔塞基（Marco Valsecchi），则告知雷斯塔尼应该把克莱因的单色画同蒙德里安（Mondrian）和马列维奇（Malevich）等早期激进派等同起来。最近，蒂埃里·德·杜夫（Thierry de Duve）等艺术史学家认为，不同于早期先锋派为了消灭资本主义这一革命目的而创作的单

---

[1] 皮埃尔·雷斯塔尼（Pierre Restany），"蓝色时代，真理的第二分钟"，《从另一面艺术看新现实主义》，第 56 页。
[2] 迪诺·布扎蒂（Dino Buzzatti）的报纸文章"蓝光，蓝光，蓝光"，发表在丹尼斯·里奥（Denys Riout）的《伊夫·克莱因：单色冒险》书中（巴黎，2006年），第 110 页。
[3] 同上，第 111 页。

色画作品，克莱因将色彩视为一种无法从迅猛发展的资本主义消费市场中分离出来的独特商品。[1] 在克莱因看来，自己的单色画是根据供求关系销售的量产商品。自诩为色彩所有者的克莱因，试图回避或最小化他将自己的蓝色命题限定为"图像感性"的这一事实，毕竟，这种说法听起来有点像新世纪神秘主义（New Age Mysticism）。[2] 如同雷斯塔尼所说，蓝色"脱离了所有功能的正当性"[3]。简而言之，克莱因似乎同时占据了两种对于一个先锋艺术家来说无法兼容的立场：一方面，克莱因提醒了我们卡尔·马克思对商品的定义，他以政治经济学瓦解审美，用可以量化的交换价值去抹杀每一幅画的艺术品质；另一方面，克莱因又没有遵循市场规律，他赋予每一幅蓝色单色画以独一无二的价值。怀疑论者很可能会认为，这种对非物质的呼唤仅仅只是指商品对象所散发出的一种魅惑光晕的写照，而这种光晕，则满足了资产阶级民众对真实生活的渴望。毫无疑问，克莱因将绘画转化为商品，并将其纳入关于精神表述的悖论性策略是一个极其重要的行为。不管你是否喜欢，克莱因都为二十世纪中叶法国资本主义的悖论欲望所培育的先锋派艺术家拓展了一个新的广阔领域。对于这样一个几乎没有体验过在晦暗中抱怨着摸索前行是何滋味

---

[1] 蒂埃里·德·杜夫（Thierry de Duve），"伊夫·克莱因或死去的艺术品经销商"，October 49（1989年夏）。
[2] 伊夫·克莱因（Yves Klein），"单色冒险"，第145页。
[3] 西德拉·斯蒂奇（Sidra Stich），《伊夫·克莱因》，第81页。

的艺术家来说，1957年是突破性的一年。

为了庆祝克莱因在米兰的"胜利"，姨妈罗斯送给她的侄子一套专为他量身定制的三件套礼服。在尼斯待了一个星期后，克莱因于1月中旬回到了巴黎，并在1月20日圣塞巴斯蒂安骑士团的晚宴上，穿上了这套鲜红的天鹅绒背心、黑色的夹克和裤子。

6 江湖术士，
1957—1958

> 什么是感知？它存在于超越我们存在之处，但又始终与我们同在。生命本身并不属于我们。正是由于我们的感知，我们才能占有生命。感知是宇宙、空间、自然的流动。它允许我们在第一物质王国中占据生命。[1]

在 阿波利奈尔美术馆的展出之后，克莱因的名字开始在先锋艺术圈，尤其是意大利和德国，广为流传。伴随着这次的一夜成名，他意识到，不管是去激怒彼时的艺术体制，还是去激怒资产阶级受众，都只会增加他的恶名。并且，从这一刻起，他的任何举动都与对这两类主体的刺激相关联。在约瑟夫·博伊斯（Joseph Beuys）和安迪·沃霍尔（Andy Warhol）的作品之

---

1 伊夫·克莱因（Yves Klein），"在索邦的演讲"，《克服艺术难题：伊夫·克莱因的著作》，克劳斯·奥特曼（Klaus Ottmann）译（康涅狄格州帕特南，2007年），第76页。

前，克莱因有足够的智慧去表演一场双重奏。不管是面对先锋艺术的支持者——精英，还是先锋艺术的反对者——大众，克莱因都非常专业地打造、经营和设定了一个符合他们要求的艺术家形象。他与那些只被少数内行所理解的先锋艺术家的形象无缝链接，与此同时，他也扮演着一种江湖术士的角色，在大众面前上演着一场又一场的"骗局"。不过，在意识到二者在其自相矛盾的人格中有着相同的分量之后，克莱因卸下了先锋艺术家应有的道德权威。并且，克莱因并未因此止步，他还将对这种虚假的艺术分歧的批评，扩展成了对另一种公众形象的想象。

在"伊夫·克莱因：单色主张"（*Yves Klein: Proposition Monochrome*）和"虚空"这两个展览中，克莱因将那些在理论上由于审美趣味、教育程度和政治主张的分歧而产生的两种受众之间的内在联系展示了出来。二者之间虽然有着诸多差异，但是他们被一种尚未被拆解和重新组合的作用的普遍性所联系。这种内在联系就是：感知力。

通常这种活动都是在5月举行，但是作为一种对于官方美术馆的巧妙抵制，1957年4月12日，伊利斯·克莱尔在她的小型画廊筹办了一个名叫"四月微沙龙"的展览。参与其中的二十三位艺术家，包括玛丽·雷蒙德、弗雷德·克莱因和伊夫·克莱因，都被要求提交一些小型的作品。这次让克莱因全家集体出动的展出，象征着克莱因的地位终于能够同他的父母相提并论。不过，很快克莱因就用更大、更好的展出超越了他的父母。在1957年5月和7月之间的这三个月，克莱因在巴黎、杜塞尔多夫以及伦敦都举办了个人展。这其中，最重要的也许是那两次几乎同时在塞纳河两岸举办的名为"克莱因：单色主张"的展览——左岸的伊利斯·克莱尔画廊（1957年5月12日—25日）和右岸的加莱里·柯莱特·阿连德画廊（1957年5月14日—23日）。为了给知识分子和资产阶级推广宣传这两场展出及它们各自的开幕日，克莱因专门为此准备了一种同时也可以被视为艺术作品的明信片。克莱因将明信片的一面涂满了自己标志性的蓝色，雷斯塔尼还为此制作了一个宏伟的标语："伊夫·克莱因的单色作品保存了当今纯粹颜料的真正天命。蓝色时代的伟大历史将从柯莱特·阿连德画廊和伊利斯·克莱尔画廊的墙壁开启。"[1] 克莱因还设计了一个经邮局官方确认有效（当然，是在克莱因的金钱贿赂之下）的蓝色邮票，并将这个邮票贴到了每一封明信片的正面。这个邮票的尺寸接近正规邮票的大小，同时这也正是许多克莱因的画作所采用的比例，大约在5∶3.5和5∶4之间波动。[2]

克莱因所制作的这种邮编，当然是克莱因自我推销的意图的一部分。但是，这也并不仅仅是一种市场营销策略：

---

[1] 皮埃尔·雷斯塔尼（Pierre Restany），"邀请卡"，载于西德拉·斯蒂奇（Sidra Stich），《伊夫·克莱因》，展览目录，科隆路德维希博物馆和杜塞尔多夫的诺德-威斯特法伦艺术博物馆（斯图加特，1990年），第91页。
[2] 南·罗森塔尔（Nan Rosenthal），"辅助悬浮"，载于《伊夫·克莱因，回顾展1928—1962》，第106—110页。

这个邮票更像是一个"微型图示",展示了克莱因艺术实践的运作结构。他对法国邮政系统的这次巧妙利用,使得他的这一作品成了对于收藏者来说非常稀有和珍贵的作品,同时也象征着沟通中介的一种民主形式。从名为"蓝色纪元"的单色画展览开始,克莱因所有的作品都出自同一种价值体系,那就是:艺术对象既不能同商业市场分离,也不能同官方机构分离。他看重大众媒介,并不仅仅是为了传播一种正在酝酿或者已经出炉的信息,而是试图通过一种特殊的媒介手段和形式,帮助形成一种语言行为的特殊构造。他那国际知名的克莱因蓝邮票与在 1945 年至 1959 年之间发行的作为法兰西共和国象征的玛丽安(Marianne)邮票[1]产生了某种共振。克莱因当然知道,1957 年版的玛丽安邮票使用的就是一种天青蓝。在这样一种微妙的引用之中,克莱因使得自己的单色画游走于荒诞与正式的边缘。与此同时,他也通过这样一种行为,考察了区分美学议题与政治行为的门槛之所在。一次又一次地,克莱因以他自己的实际行动,撩拨着公众对艺术和生活之间的界限的期待。他的步骤如下:首先,他赋予观众一种责任。根据这一责任,观众们必须发问,询问他们在艺术机构或者公共空间里遇到的作品是否是真实的。其次,这一点似乎带有一种挑战性了。他要求观众批判地看待固有的习惯,以做

---

[1] 南·罗森塔尔(Nan Rosenthal)在"伊夫·克莱因的蓝色世界"中发表了这些看法,博士学位论文,哈佛大学,1976 年,第 181—182 页。

出自己的独立判断。最后，他鼓励观众在想象一种新型交流结构的艺术实践中去改变他们的信念。

尽管克莱尔的美术用品仓库只有仅仅二十平方米的空间可供使用，克莱因还是决定在这里举办一场关于单色画以及蓝色海绵塑像的小型展览。正如二十世纪四十年代后期法国艺术家让·杜布菲（Jean Dubuffet）将多样的结构元素引入他的作品一样，克莱因也沿用了这一思路。

然而，对于爱德华·亚当（Edouard Adam）来说，克莱因的这种将海绵视为一种艺术媒介的"发现"，起源于1956年克莱因看到的他家商店橱窗中所展示的物件。[1] 克莱因开始变得痴迷于"饱满"的海绵所呈现出的形式和组织，尽管他对这种不合常规的品质并不完全满意。[2] 在听过杜布菲对于原生艺术（Art Brut）及其"野蛮价值"的辩护之后，克莱因将海绵描述为"野蛮活物"——一种可以转变成为独特的艺术对象，或者，更富诗意一点说，是他的单色画"读者"的一种"肖像"。[3] 如他所言，观赏他的蓝色画作的观众，将会"在感知力上，正如海绵一样"被

---

1 爱德华·亚当（Edouard Adam）在接受维珍妮·德·考蒙（Virginie de Caumont）采访时提供了相关信息，1981年2月24日，历史展览（10.120），梅尼尔收藏档案馆，德克萨斯州休斯顿。
2 伊夫·克莱因（Yves Klein），"关于在柯莱特·阿连德画廊展出的某些作品的笔记"，《克服艺术难题》，第23页。
3 让·杜布菲（Jean Dubuffet），"向狂野价值观敬礼"［1951］，肯特·敏特恩（Kent Minturn）译，《RES》，第46期（2004年秋），第259—265页；伊夫·克莱因（Yves Klein），"关于柯莱特·阿连德展出的一些作品的评论"，《超越艺术和其他著作的问题》，玛丽-安妮·西歇尔（Marie-Anne Sichère）和迪迪埃·塞米（Didier Semin）编（巴黎，2003年），第54页。

浸透。并且，在这种艺术邂逅中，观众还会经历一次认知转变。[1] 在这次展览中，克莱因还循环播放了一种被称为《单色交响曲》(Monotone Symphony) 的电声音乐曲目，使得整个展览都环绕在其间。这首曲子由皮埃尔·亨利 (Pierre Henry) 录制。皮埃尔·亨利是一位高水平的钢琴师，一个打击乐演奏者，同时也是法国"具体音乐" (Musique concrète) 的弄潮儿。在 1951 年，由皮埃尔·亨利、皮埃尔·舍费尔 (Pierre Schaeffer)、雅克·蒲兰 (Jacques Poullin) 等音乐家所引领的"具体音乐"运动，将自然界一切的声音都作为音乐的来源，而不仅限于乐器演奏出来的声音，比如狗吠、脚步声、火车经过铁轨的声音等。他们将这些声音素材进行各种形式的混剪，以电子化的方式创作新的音乐。实际上，在这次展览中，皮埃尔·亨利创作的音乐《单色交响曲》的加入，确实使得克莱因受益良多。前者在先锋艺术圈的地位，对于崭露头角的克莱因来说，是一种有力的加持。

将日常事物作为艺术品的行为在先锋艺术史上并不是一件多么新鲜的事。在二十世纪的早期和中期，现成品艺术已经成了马塞尔·杜尚和超现实主义对艺术范畴的重新

---

[1] 让·杜布菲 (Jean Dubuffet)，"向狂野价值观敬礼"[1951]，肯特·敏特恩 (Kent Minturn) 译，《RES》，第 46 期（2004 年秋），第 259—265 页；伊夫·克莱因 (Yves Klein)，"关于柯莱特·阿连德展出的一些作品的评论"，《超越艺术和其他著作的问题》，玛丽-安妮·西歇尔 (Marie-Anne Sichère) 和迪迪埃·塞米 (Didier Semin) 编（巴黎，2003 年），第 54 页。

定义的一项基本含义。克莱因的不同之处在于,他增加了许多人会觉得不舒服的戏剧性策略。伊利斯·克莱尔的那次展出的开幕式当天,克莱因在圣日耳曼的天空中放飞了1001个蓝色氢气球,其用意并不是所有人都能理解的。当然,对于在双叟咖啡馆(Café Deux Magots)的人们来说,这是一次极具创意的"将整个巴黎的目光都吸引到这个不知名的年轻艺术家身上"的方式。尽管克莱因将这一场景称为"空气静力学第一雕像",但愤愤不平的批评家克劳德·里维埃(Claude Rivière)还是责难这一噱头是"可耻的商业推销"。[1] 这同样也是克莱因与居伊·德博尔(Guy Debord)这位国际情境主义协会的创始成员之一的关系的一个转折点。在二十世纪五十年代中期的头几年,他们之间就有过交集,克莱因曾经邀请他为他的那次个人"双展"写一些推荐的文章,但是居伊·德博尔拒绝了克莱因的请求。也许是因为克莱因与玫瑰十字会以及圣塞巴斯蒂安骑士团的从属关系。对于阅读卡尔·马克思唯物主义著作而不是马克斯·海因德尔神秘主义学说的德博尔来说,这些散发着保守主义气息而不是代表进步力量的神秘组织,展示了克莱因的双重人格[2],使得他并不值得如此被信

---

[1] 伊利斯·克莱尔(Iris Clert)在《伊夫·克莱因:单色冒险》(巴黎,2006年)中被引用,丹尼斯·里奥(Denys Riout),第41页。
[2] 同上。

任。[1] 虽然德博尔也参观了克莱因在阿连德画廊的展览，但克莱因那已经成为其"江湖术士"形象不可分割的一部分的对于奇观的偏好——"用图像展示人与人之间的社会关系"，却让他感到"望而却步"。[2]

来自美国得克萨斯州的斯坦利·马库斯先生（Mr Stanley Marcus），是从伊利斯·克莱尔这里购买克莱因作品的两位美国收藏家之一，他在一封信中讲到了克莱因作品的"功效"："我的伊夫·克莱因已经证明了它是我目前为止所购买的最搞笑的作品。每一次我将它拿出来展示，它都给我带来……欢声笑语。在这个夏天，我将会给你带来许多顾客。"[3] 在这个意义上，克莱因的先锋主义被来自"普通人"的"高级"反馈所"制裁"了。毫无疑问，马库斯从克莱因作品中获得的不可思议的娱乐效果，正是他无法理解克莱因作品的直接结果。还有一些比德博尔和马库斯更极端的例子，比如一位不知名的路人在展览克莱因作品的美术馆的橱窗上留下的那张写着"打倒守卫"（mort aux vache）的挑衅字条。[4] 这个口号可以追溯到 1870 年的

---

[1] 凯拉·卡巴尼亚斯（Kaira M. Cabañas），"伊夫·克莱因在法国：空间悖论"，《伊夫·克莱因：身体，肤色，无形》，展览目录，蓬皮杜中心（巴黎，2006年），第 175 页。

[2] 居伊·德博尔（Guy Debord），《舞台艺术学会》，唐纳德·尼科尔森-史密斯（Donald Nicholson-Smith）译（1994 年，纽约），第 12 页。

[3] 西德拉·斯蒂奇（Sidra Stich），《伊夫·克莱因》，展览目录，科隆路德维希博物馆和杜塞尔多夫的诺德·威斯特法伦艺术博物馆（斯图加特，1990 年），第 216 页，第 58 号。

[4] 鲁道夫·皮雄（Rodolphe Pichon）所表达的内容载于安妮特·卡恩（Annette Kahn）的《伊夫·克莱因：蓝色大师》（巴黎，2000 年）。第 184 页。

普法战争，当时的德军在法国巴黎的守备处都会写上"哨所"（wache）这个标语。二十多年之后，法国无政府主义者将这句话视为对各种形式的政府统治的哭诉和抗争。对于这样一个涂鸦，很难理解它是将克莱因视为强大体制力量展示的一部分，还是将克莱因视为反抗体制的亲密无间的战友。不过，克莱因似乎选择了相信前者，并将之视为一种威胁，否则他也不会邀请他的一些柔道界的朋友来为他的开幕式"保驾护航"。

在柯莱特·阿连德画廊的开幕式上，克莱因使用了相同的奇观策略。在1957年5月14日那天，克莱因在他的一幅蓝色单色画的画框上安了十六个孟加拉烟花，当夜幕即将降临的时候，他在一分钟之内将它们同时引燃了。这一举动也有其重要意义，如果我们用一种文学修辞来形容的话，他的画就如同他的艺术燃烧过后的"灰烬"。而这些，在观众记忆中也如同流星一样一闪而过。不过，这样一种沉浸在精神交流中的烟火术，并没有让克莱因讨到几何抽象主义的女性前辈丹妮丝·勒内（Denise René）的欢心。对于丹妮丝·勒内来说，抽象是一种对于视觉形式的政治表达，而它的燃烧将是一种不可原谅的亵渎。[1] 与此同时，在美术馆室内，克莱因将蓝色单色画作为一种不拘一格的、别出心裁的对象解构了。美术馆的墙上覆盖着两

---

[1] 与丹妮丝·勒内（Denise René）的个人交流，2002年。

幅巨大的蓝色挂毯，一幅垂直悬挂，一幅则横向悬挂。对于克莱因来说："一米的作品很简单，可以在多种画布上进行。三米的作品可以在这样一个挂毯上进行。但是八米的作品则只能发生在一种总体的绘画感觉上。"[1] 在这个美术馆内部，同时展示的还有两列垂直排列的浮雕——《蓝色浮雕》(Blue Reliefs)。美国极简抽象派艺术家唐纳德·贾德（Donald Judd）在十年之后才完成类似的创作。悬挂在美术馆大厅中央穹顶的《蓝星》(Blue Disk) 是一个表面环绕颗粒状的光盘，就如同宇宙中漂浮的行星一样。而天花板则散发着如同《蓝雨》(Blue Rain) 一般的效果。地板中间铺着厚厚一层如同一个矩形地毯一般的蓝色颜料粉末。两个可以从不同的角度去欣赏的日式屏风，一个放在一张桌子上，另一个以蓝色颜料为基底。《蓝色线阱》(Blue Trap for Lines) 是在光滑的表面上露出的蓝色岩层。《蓝色方尖碑》(Blue Obelisk) 是由一根金属棒支撑的蓝色柱体，看起来似乎浮在空中。克莱因没有给它进行任何文字说明。

在这个空间中，充斥着各种物品的混搭，每一个都从不同的角度吸引着参观者的眼球，而全部建筑的整体构架，则召唤着人体互动并且改变着空间的价值分布。为了解构感知现实的传统框架，克莱因还试图去废除欣赏主体和客体之间的传统意义上的距离或者深度规定。在看完克莱因

---

[1] 伊夫·克莱因（Yves Klein），《关于在柯莱特·阿连德画廊展出的某些作品的注释》，第22页。

的展览之后,路易·保罗·法夫尔(Louis Paul Favre),一位《战斗》杂志的编辑,对克莱因给予了正面的肯定,他认为克莱因所试图寻找的是"在公共空间中能够触摸每一个人的形式"[1]。当然,也有一些评价没有那么正面,一些批评家将克莱因形容为"一个自欺欺人的人",说他"是在嘲讽这个世界……他不惜付出任何代价都要使我们相信这是一种创新"。[2] 他的单色画创作也被视为是一种"精神上的玩笑",当然,还有更糟糕的评价:"疯子画家……绘画蠢货……痴人梦呓"。[3] 在法国著名的《世界报》(Le Monde)上有这样一则巧妙的评论文章:"最终,克莱因的展览一劳永逸地确立了超越先锋艺术所无法抵达的界限之所在。"[4] 这也揭示了,在江湖骗子和先锋艺术家之间,其界限是非常模糊,难以界定的。

我们可以想象,当这些批评家在看到克莱因展览中最激进部分的时候将会如何反应。克莱因在阿连德画廊的二楼布置了一个名为"表面与视觉图形感知力的封锁"(Surfaces and Blocks of Invisible Pictorial Sensibility)的展览。不过,克莱因只邀请了他的核心朋友圈来这里参观。这儿本来是勒内·阿连德的私人接待室,在这里,阿连德

---

[1] 路易·保罗·法夫尔(Louis-Paul Favre),"旅程",《战斗》,1957年5月20日,第7页。
[2] 西德拉·斯蒂奇(Sidra Stich),《伊夫·克莱因》,第98页;施耐尔先生(M. R. Schnir),《面具和面孔》(1957年6月)。
[3] 同上。
[4] 《世界报》,1957年5月31日,第8页。

曾经招待过阿娜伊斯·宁（Anaïs Nin）以及安托南·阿尔托（Antonin Artaud）。不过现在，这里原有的物品已经被完全清空，并且墙壁也都被涂成了白色，成了一个展示绘画感知力中的"无形氪氙"的艺术地带。[1] 当我们想要讨论绘画艺术在战后法国作为一种表现世界的手段的中心地位时（包括抽象画和具象画），克莱因的这一行为确实可以令人振奋。在1957年前后，没有任何一个法国艺术家能够以如此激进的方式改变法国绘画的可能性。

为了引导公众能够在旨在消除所有"支撑"和展示纯粹气氛的空间中互动，克莱因用16毫米胶卷拍摄了一部彩色短片，以记录自己的这一装置艺术。在这部短片中，他从各种角度注视着空白的墙壁。随着镜头转动，在暖气片上放置着的原本静止的一块长方形的木板不知道什么原因开始抖动起来，克莱因走过去用手将木板稳定住。通过这样的行为，克莱因似乎想要告诉观众去注意房间中存在的"幽灵"。[2] 我们可以看到，克莱因在一种戏谑中展示出了那些阻碍他追求纯粹性的力量。或者，换一种说法，克莱因在把握身体与艺术创作关系的实践方面，已经与早期的先锋艺术家阿娜伊斯·宁和安托南·阿尔托产生了关联。

---

[1] 皮埃尔·雷斯塔尼（Pierre Restany），《伊夫·克莱因的单色》（巴黎，1974年），第46页。
[2] 凯拉·卡巴尼亚斯（Kaira M. Cabañas），"幽灵般存在"，《伊夫·克莱因：虚无，全能》，展览目录，华盛顿特区的赫希霍恩博物馆和雕塑花园，明尼苏达州的沃克艺术中心（2010年），第174—189页。

这次展览之后不久,克莱因在杜塞尔多夫的阿尔弗雷德·施梅拉画廊(Alfred Schmela Gallery)的开业典礼上展览了自己的单色画(1957年5月31日—1957年6月31日),几乎与此同时又在伦敦的一号画廊(Gallery One)举行了个展(1957年6月24日—7月13日)。克莱因完全陷入了一种狂喜,他认为自己在德国的展览是一种"胜利、凯旋"。再加上在巴黎塞纳河两岸的两次画展所产生的"势如破竹的冲击",克莱因觉得自己的名字已经"如同毕加索一样在当代家喻户晓"。克莱因唯一还未达成的目标,就是他在给姨妈罗斯的信中所提及的:"征服美国。"[1] 随着名望的急剧上升,克莱因开始同伯纳黛特·阿兰(Bernadette Allain)渐行渐远。1957年7月上旬,在一次前往尼斯的旅途中,他邂逅了美丽的罗特劳特·约克。当时的罗特劳特·约克才十九岁,她是创办零社(the Zero Group)的德国艺术家昆特·约克(Günther Uecker)的妹妹。整整比克莱因小了十岁的她,当时还并不能很好地运用法语。罗特劳特·约克(Rotraut Uecker)出生于雷里克(Rerik),波罗的海旁的一个小城镇。在1956年,她选择离开东德,期望在艺术界寻找自己的人生。1957年夏天她来到了尼斯,以互惠生的身份在阿尔芒的家里,照顾他的三个孩子。而在此之前,她首先投奔的是自己在杜塞尔多夫的哥哥,也

---

[1] 安妮特·卡恩(Annette Kahn),《伊夫·克莱因:蓝色世界》(巴黎,2000年),第189页。

正是在那里的施梅拉画廊,她第一次见到克莱因的创作。按照罗特劳特的说法,她与克莱因是一见钟情。[1]

克莱因和罗特劳特之间的恋情非常火热,有一整个月时间他们不分昼夜地待在一起。罗特劳特回忆道,在那个夏天即将结束的时候,克莱因非常难过地宣布,他们将再也不会见到彼此。[2] 虽然克莱因完全错了,但是在1957年之后的日子里,他确实全身心沉浸于自己的创作之中,想象着这些作品在未来能给他带来的名望。

与"蓝色时期"的成就相比,"表面与视觉图形感知力的封锁"不过是一个"次要"作品。然而,这却是一个非常关键的概念上的催化剂,使得克莱因的创作从视觉语言转变为空间语言。关于这一点最有说服力的证据是,1958年4月28日(这一天同时也是他的三十岁生日),克莱因在伊利斯·克莱尔画廊所举办的名为"虚空"的展览。在这次展览中,他企图:

> 在艺术馆的内部去创造、去建立、去给前来参观的大众一种感性的绘画状态。换句话说,真正的世界造物,真正的艺术状态,是不可见的。这种在艺术馆内部的不可见的艺术状态,在字面上差不多就是我们现在关于艺术的最普遍的一

---

[1] 罗特劳特·约克(Rotraut Uecker),"1957",www.rotraut.com,2013年6月16日。
[2] 安妮特·卡恩(Annette Kahn),《伊夫·克莱因:蓝色世界》(巴黎,2000年),第203页。

种理解——"光晕"。

> 为了实现这一意图,看不到摸不着的无形画布必须生发在艺术馆观众的肉身之上,而不是常规的、实体画作……这些传统的作为媒介的艺术作品不再成为一种必需:一个人被这种艺术感知力所浸润,在艺术家提前布置的空间中加以提炼和稳定。这种创作是直接的、即时的感知和同化,并不借助任何别的作用,比如工具和诡计。[1]

从仅存的关于这次展览的黑白照片中可以看到,这是一个小型的、除了一个空橱窗和被遮住的门之外别无他物的房间。在这个封闭的空间内部,既没有人,也没有艺术作品,只有一个完美的静止和被一盏隐蔽起来的霓虹灯所照亮的空无。这个画廊看起来似乎被遗弃了,无论在任何意义上都与艺术展览相去甚远。如果我们采用克莱因后来以一般现在时所做的情绪仍未平复的复述的话,那么,"虚空"将是1958年最惹人注目的艺术事件。克莱因宣称,在展览开幕的那个夜晚,三千多观众塞满了美术馆门前的塞纳河岸。而在之后一直到1958年5月12日展览结束,每天也都有好几百人慕名而来。[2] 克莱因也许在人数上有所

---

[1] 伊夫·克莱因(Yves Klein),"1958年4月28日在伊利斯·克莱尔美术馆的展览的准备和介绍",《克服艺术难题》,第48页。

[2] 克莱因在一封未注明日期的致罗斯姨妈(1958年5月)的信中写道,每天有五百到六百人参观画廊。收藏于加斯佩里尼档案馆的信,引用在西德拉·斯蒂奇(Sidra Stich)的《伊夫·克莱因》第267页,第30号中。

夸大,但是,伊利斯·克莱尔将这次展览延长了一周这一事实,还是说明了这次展览所引起的轰动是不同寻常的。就连著名的存在主义作家阿尔贝·加缪(Albert Camus)也对克莱因表示了自己的敬意。参观了展览之后他在留言板上写下了这样一句留言:"虚空之中,充满力量。(Avec Le Vide, Les Pleins Pouvoir.)"

为了使他的艺术创作不再局限于画布的限制,克莱因煞费苦心地策划了一系列在公共领域中相互关联的情节和桥段。他不仅在巴黎的《艺术与战斗》(Arts and Combat)杂志上投放了广告,还在塞纳河畔的圣日尔曼代普雷社区张贴了大量海报。与此同时,克莱因还制作了大约三千五百份邀请函,这些邀请由雷斯塔尼用蓝色墨水笔在一张白色的卡片写就,并盖有克莱因那标志性的蓝色邮戳。在这个卡片上,克莱因呼吁观众将自己的"感知"交给"综合认知"去呈现。[1] 克莱因还宣称,如果没有这些带有邮戳的蓝色卡片,那么就需要付一千五百法郎,才能进入这个展览。另外,克莱因以"防止破坏公共财产"[2] 的名义再一次雇用他柔道界的朋友来为他的展览担当安保人员。他同时还邀请了身着盛装的共和国卫队在美术馆的入口处站岗,以显示这次展览所带有的"官方性质"。[3] 当观众们在

---

[1] 伊夫·克莱因(Yves Klein),"1958年4月28日在伊利斯·克莱尔美术馆的展览的准备和介绍",第49页。
[2] 同上,第50页。
[3] 同上。

等待入场的时候,走廊旁边还有圆顶咖啡馆的调酒师用金酒、君度酒和亚甲基美蓝(methylene blue)调制的鸡尾酒供应。

这种精心调制的鸡尾酒的独特之处在于,所有饮用此酒的观众的小便都会变成深蓝色。于是,参与此次展览的人们便因此成了克莱因的艺术作品而被打上蓝色烙印。这也使得克莱因的创作在不明就里的观众的慌乱中播散至整个巴黎。关于这场奇观的压轴戏,克莱因一开始的设想是用直升机将协和广场著名的方尖碑用一大块蓝布给盖住。但是,由于这个方案耗资过于巨大,克莱因最终决定用蓝色的灯光照亮整个方尖碑。遗憾的是,巴黎警方在最后一刻以其"太过私人化,将会引起公众过分关注"为由否决了这一惊人表演。[1]

克莱因用他标志性的蓝色和白色主题组织观众进入"虚空"。他封闭了美术馆的主要通道,并且将前窗都粉刷成蓝色。而美术馆所在建筑通常用来给居民出入的侧门,则被用来作为进入展览的唯一通道。克莱因将这一通道用非常华丽的蓝色条带装饰起来,以此来作为对观众的引导。经过这个不算太长的过道,即大约三十二平方米的小院,就会进入展览的主体空间。正门的左右两边悬挂着蓝色和白色两种窗帘,经过这里,就真正进入了"虚空"之中。

---

[1] 伊夫·克莱因(Yves Klein),"1958年4月28日在伊利斯·克莱尔美术馆的展览的准备和介绍",第53页。

环顾四周,除了被克莱因在四十八小时之前粉刷成纯白的墙壁之外,这里空无一物,"家徒四壁"。克莱因的朋友让-皮埃尔·米鲁兹(Jean-Pierre Mirouze)、伯纳黛特·阿兰和查尔斯·勒·莫因(Charles Le Moing)共同回忆道,这是他们用一个瓷质滚筒帮助克莱因共同完成的。[1] 不过,粉刷墙壁的颜料却是克莱因一个人精心调配的:立德粉再加上克莱因那酒精、丙酮和乙烯树脂混合的漆。在这个空间中,没有任何传统的艺术作品,除了地上铺着的一层淡灰色的地毯,一盏照亮着整个房间的孤灯,在房间左边的角落里的一个空橱窗,临街窗户下的一个小桌子。一切都被涂成白色"以接受无形之蓝的感知形象"[2]。

假如将我们的思绪拉回到1958年,我们能否想象那个堆满了来这里寻找一种真实美感和社会体验的惊异人群的奇妙"虚空"? 不同的公众群体、艺术家、批评家、路人,他们又是如何理解这次别开生面的艺术事件的呢? 从那时到现在,对于克莱因的这次展览有着各种各样的阐释,每一个都揭示了这次展览的不同方面。同二十世纪的众多先锋艺术作品一样,"虚空"最可能遭受误解和攻讦的部分在于它的外在形式。一些比较正面的评价表达了在看到这一

---

[1] 西德拉·斯蒂奇(Sidra Stich)与让-皮埃尔·米鲁兹(Jean-Pierre Mirouze)的访谈,1991年12月1日,巴黎;伯纳黛特·阿兰(Bernadette Allain),1991年12月30日,巴黎;查尔斯·勒·莫因(Charles Le Moing),1991年12月3日,载于西德拉·斯蒂奇(Sidra Stich),《伊夫·克莱因》,第266页,第13号。
[2] 伊夫·克莱因(Yves Klein),"1958年4月28日在伊利斯·克莱尔美术馆的展览的准备和介绍",第52页。

艺术实践的创新性时的震惊和欣喜,让·格雷尼耶(Jean Grenier)这样写道:"对于不同寻常和非凡的喜好理应比对于恪守传统的信念更有价值:它可以刷新精神。"[1]《战斗》杂志则是这样评论的:"伊夫·克莱因……在这里试图去处理的是光本身,并且,他这样做,并不是通过智性活动和花言巧语。因此这并不是一个玩笑,而是对一种力量,对色彩的魔力的认知。"[2] 大多数法国媒体都无法克服对克莱因"骗术"的怀疑,认为他的作品是对热心观众的欺诈和戏耍。《费加罗报》(Figaro)公开抨击道:"太过分了!他们不是提着牵线木偶一样在玩弄我们吗?"《倾听》(Aux Ecoutes)谴责克莱因的展览"仅仅是一面新鲜粉刷的白色墙壁",是"对可感之物的统治"。[3]《十字架》(La Croix)认为这是"一次关于白色的展览"。而《艺术》(Arts)则讽刺道:"克莱因使得伊利斯·克莱尔终于不再为自己的美术馆应该悬挂什么样的画作而发愁了。"[4] 对这次展览理解的比较深刻的是《自由回声》(L'Echo Liberté),认为这是一种"瞬间商业情绪"。[5]

最近,学者们从不同的领域开始对于"虚空"的复杂

---

1 让·格雷尼耶(Jean Grenier),"艺术舞台",《证明》(1958年6月),第88页。
2 "伊利斯·克莱尔画廊的前卫活动",《战斗》(1958年5月5日),第7页。
3 "对白墙进行清漆",《费加罗报》,1958年4月29日;无标题文章,《倾听》,1958年5月16日。
4 这段话被亨利·佩里尔(Henri Périer)引用于《皮埃尔·雷斯塔尼:艺术的炼金术士》(巴黎,1998年)第105页中。
5 同上。

性进行了探讨。著名的法国艺术史专家丹尼斯·里奥（Denys Riout），将"虚空"视为克莱因自 1957 年蓝色单色画以来的艺术王国的最后一块拼图。同克莱因自己的主张一致，他强调了这种装置将"感知形象"从单色画的物质载体中解放了出来。[1]

更进一步的讨论来自本雅明·D. 布赫洛（Benjamin H. D. Buchloh），他将"虚空"视为"抽象还原艺术的空间化"，一种早先在二十世纪二十年代由埃尔·利西茨基（El Lissitzky）所发起的先锋艺术策略，这种艺术"调整装置构架的规模：从框架画……到建筑物本身"[2]。正如里奥所说，克莱因不仅将美术馆的空间改造成了"感知力的神秘原型地带"[3]，还将这个艺术馆本身变成了一个艺术作品。关于克莱因的这一举动，也有许多在艺术与政治关系方面的考量：克莱因是那些旨在消解艺术自律，通过对艺术体制的批评来实现自己意识形态意图和主张的艺术家中的一员。这种观点试图将美术馆或者艺术馆的议题设置和兴趣偏好都展露出来，并且说明这样一个道理，即使是表面上看起来最中立的艺术机构，政治也会渗透进去。我们必须要知道，克莱因的个展时间，正处于法国政治的一个波涛

---

[1] 丹尼斯·里奥（Denys Riout），《伊夫·克莱因：体现无形》（巴黎，2004 年）。
[2] 本雅明·D. 布赫洛（Benjamin H. D. Buchloh），"大量或无：从伊夫·克莱因的虚空到阿尔芒的充实"，《法国视觉艺术，建筑和设计场所的投资：1958—1998 年》，展览目录，纽约苏豪区古根海姆博物馆（1998），第 92 页。
[3] 同上。

汹涌的时期,那是阿尔及利亚战争最激烈的时候,即在1958年1月第五共和国的上台和1958年4月第四共和国的倒台之间。他略带讽刺地使用了共和国卫士迎宾,将方尖碑用灯光点亮,都可以在戴高乐重新掌握法国大权,并且无法得知他将会组成一个什么样的政府这一语境中得以理解。不过,当巴黎民众蜂拥而至"虚空"后,这一空间成了公众心中存在的不确定和焦虑感的一次精神上的展示。

克莱因坦诚,他确实是在将他的艺术同一些政治诉求相联系。这里,再一次地,他的那看似誓不罢休的目的终究还是在保守和激进之间来回摇摆,对于一个先锋艺术家来说,他的立场留下了许多可疑之处。在一份未发表的手稿中,他宣称:"我意识到为了进一步推进我的单色画和虚空形象的作品(在这个意义上是指抽象感知),我发现我自己不得不在法国取得权力。"[1] 为了这一"胆大包天"的目的,他甚至勾勒了改组后的临时政府的雏形。

在"虚空"开幕之后,克莱因在圆顶咖啡馆宣读了自己的宣言。这份宣言是如此的多层次和深刻,以至于在此很有必要全文摘录。为了"使法国变得光彩照人",克莱因提议:

> 应有一种骑士精神,在这种精神里,艺术家、宗教教士、科研人员齐心协力,使法兰西重新焕发它应有的色彩,蓝色或

---

[1] 伊夫·克莱因(Yves Klein),《如何以及为什么》,1957年,未出版的文档,伊夫·克莱因档案馆。

者白色，抑或者紫罗兰，并且清除腐朽可怖的法兰西之恶臭，绿色、红色以及灰色。这个政府将会把拿破仑三世时期的华丽制服和童年时代的领袖归还给士兵们，它将会净化我们，就好像圣水净化魔鬼一样。正如西塞罗所说："Quousque tandem Catilina abutere patientia nostra？"（你还要消耗我们的耐心到什么时候？）我们的纯粹政府将会清理虚伪之士、弗朗索瓦·萨冈主义者、说谎者、基因主义者、乔治·杜哈曼主义者、爱因斯坦主义者、罗斯福主义者、潘迪特·尼赫鲁主义者、蛀虫、垃圾等。愿这件事说到做到。[1]

这种对当代法国艺术、文学、科学和政治各界人物的怪诞而又神秘的咒骂并不能被轻易理解。萨冈和尼赫鲁的共同之处是什么？基因和罗斯福之间呢？在克莱因看来，这几乎很难说明白。但不管怎样，在这个抨击中所展现出来的，是克莱因的宗教和保皇主义态度，以及他对于这个民族的国家之纯净状态的关心。这种忧虑也许同法国被德国占领的四年有关，战后立即激发出清理民族败类的运动，也包括正在进行的阿尔及利亚的反殖民战争。克莱因的私人表述，一种右翼民族主义思想的表征，并没有不被注意到。[2] 在这

---

[1] 伊夫·克莱因（Yves Klein），"气动时代开幕酒会后发表的演讲"，《克服艺术难题》，第 97 页。
[2] 克里斯汀·罗斯（Kristin Ross）促进非殖民化与法国人对清洁的痴迷之间的联系，《快速的汽车，干净的车身：非殖民化与法国文化的重新排序》，（剑桥，1995 年）第 71—122 页。

次"革命"宣言的八个月之后,德博尔确认,不出意料,克莱因成了当时"法国法西斯浪潮"的领军人物。[1]

随着战前的一系列有效范式的解体和败坏,再加上一种新的公众秩序尚未到来,克莱因为这个公众凝聚力缺失的问题提供了一种原创性的加工和描述。面对这种缺失,正如开头所提及的那样,克莱因又希望给法国带来一种什么样的公众秩序呢?尽管克莱因会相信他可以从客体中释放感知力,并将这种感知打散在空气里成为一种氤氲,但"虚空"看起来更像是一个观众将有关他们自身感情(存在,或者感知)的体验变成一个审美事件的空间。一旦涉及社会政治领域,便很容易为从严格附属于国家的关系中挣脱出来的人民的民主政治的运转创造一种基础。个体之间的共同纽带将会是一种普遍的"生命力",而不是像传统的国家或民族之间的关系那样。不过,很不幸,这种乌托邦思想最终以一种极端暴力的形式表现出来,这使得克莱因在先锋艺术家的身份之外,还像是一个江湖骗子。

克莱因的名片正体现了这种矛盾的二元性,这绝不会爆发成为一场简单的革命。许多人想要尽可能远离的两种身份在克莱因这里不断滋长,他自发地占据了先锋艺术家的位置(一个民主立场的共和主义者),同时又成了一个江湖骗子(一个可疑的保守派)。这些身份的意义在于联结艺

---

[1] 居伊·德博尔(Guy Debord),"缺席及其梳妆台",《国际形势主义者》,2(1958年12月),第7页。

术和历史的结构与话语。不久之后,他将会跨越国界走进西德,并且横穿大西洋到达美利坚合众国,去打破这些身份所决定的认知预设。

7 合作者，
1957—1961

艺术家无法与内脏、血管、肠胃合作！艺术家与他们的心灵和思想合作！[1]

克莱因在杜塞尔多夫的阿尔弗雷德·施梅拉画廊的首次亮相（1957年5月31日—6月23日）是他与德国艺术界建立富有成果的关系的开端，确实，德国艺术界比法国艺术界更容易接受激进的实验。这次单色画展让他接触到了与他志同道合的艺术家，如海因茨·马克（Heinz Mack）、奥托·皮勒（Otto Piene）和昆特·约克（Günther Uecker），他们是著名先锋艺术组织"零社"（Zero Group）的创始人。克莱因还发展巩固了与雕塑家诺波特·克里克（Norbert Kricke）和建筑家维尔纳·乌瑙

---

1 伊夫·克莱因（Yves Klein），"在杜塞尔多夫举行的丁格利展览上的演讲（1959年1月）"，《克服艺术难题：伊夫·克莱因的著作》，克劳斯·奥特曼（Klaus Ottmann）译（康涅狄格州帕特南，2007年），第62页。

(Werner Ruhnau)的关系,这两人是他1957年3月在巴黎参加克里克在伊利斯·克莱尔画廊的展览时认识的。通过这些熟人,克莱因被邀请参加了各种合作项目,而这些合作项目需要克莱因以各种各样新的身份出现在公众面前。在1957年至1961年的四年时间里,他充分利用了每个项目的具体情况,调整和深化自己所扮演的"合作者"角色。

在一些情况下,克莱因直接参与各种艺术组织的建设。而在另一些情况下,他在更抽象的层面上提供了一种新的集体主义动力。克莱因在一些重要场合发展了"集体"和"参与者"之间的张力。比如,在对盖尔森基兴音乐剧院(Gelsenkirchen Musiktheater)进行室内装饰的国际竞赛(1957—1959)中,他参与了一个名为"空中建筑"(*Air Architecture*,1957—1962)的计划。根据这一计划,空气、水和火将作为基本的建筑材料。再比如,在伊利斯·克莱尔画廊举行的一次名为"伊夫·克莱因以及让·丁格利,纯粹的速度和单色的稳定"(*Yves Klein et Jean Tinguely*, *Vitesse pure et stabilité monochrome*)(1958)的展览。还比如,他所参加的那个被称为"新现实主义"(Nouveau Réalisme)的组织(1960)。在这些努力中,他解决了在艺术家的个别身份以及群体共同审美观之间如何平衡的问题,也解决了如何在促进社群关系的同时协调个人的能动性的问题。

在克莱因参与进来之前,盖尔森基兴音乐剧院的项目已经酝酿了很久。这也是关于克莱因艺术实践的研究中最缺少的部分。盖尔森基兴毗邻鲁尔地区的埃森市，是德国煤矿、机械制造和玻璃生产工业的中心。如同二十世纪五十年代鲁尔地区的许多其他城市一样，在第二次世界大战将市区地表建筑夷为平地之后，它进行了大规模的重建。H. 戴尔曼（H. Deilmann）、M. C. 冯·豪森（M. C. von Hausen）、奥廷（Ortwin）、拉夫（Rave）以及维尔纳·乌瑙（Werner Ruhnau）所在的一家来自明斯特的建筑设计团队赢得了1954年9月的正式比赛，并最终成功设计建造了这座于1956年6月奠基的音乐剧院。通过在巴黎和杜塞尔多夫同这个建筑团队负责人乌瑙的偶遇，克莱因和克里克被邀请成为该建筑设计团队的主要成员。1957年5月31日他们正式宣布参与这次剧院设计的竞标。到1957年6月竞标结束，这个团队已经发展成了一个"国际组织"，成员包括居住在伦敦的英国雕塑家罗伯特·亚当（Robert Adams）和生活在西柏林的德国雕塑家保罗·迪尔克斯（Paul Dierkes），还包括1958年11月加入该组织的瑞士雕塑家、克莱因的现场德语翻译让·丁格利（Jean Tinguely）。[1]

克莱因负责剧院的中央大厅和寄物处的设计。他接手了他人生第一个主要的团队合作工程。载着女友伯纳黛特·阿兰，克莱因兴高采烈地驾驶着他的新雪铁龙跑车穿

---

[1] 西德拉·斯蒂奇（Sidra Stich），《伊夫·克莱因》，展览目录，科隆路德维希博物馆和杜塞尔多夫的诺德·威斯特法伦艺术博物馆（斯图加特，1990年），第107—130页。

越法德边境。不过，克莱因并不知道，在二战刚结束，法国和德国仍处于政治和解不久的紧张时期，盖尔森基兴市政府对于选择法国艺术家来设计自己的音乐剧院并不太满意，这导致克莱因在获得设计和预算批准方面面临许多障碍。与此同时，由于克莱因不会讲德语，这也导致他与德国团队的负责人产生了一些不必要的冲突。在这过程中，克莱因越来越怀疑自己在被他们嘲笑。尤其是，随着时间的推移，当让·丁格利作为设计团队的正式成员参与进来，他不能再担任克莱因的私人翻译后，克莱因在语言沟通方面的困难更加凸显了。在施工现场待了一个星期后，伯纳黛特离开盖尔森基兴去了巴黎。于是，克莱因将他的新欢罗特劳特·约克带到了自己身边。之后，在整个项目的进行过程中，约克都陪在克莱因身边，同他并肩作战。她成了克莱因的得力助手的同时，还取代了伯纳黛特成为克莱因的情人。1959年5月，在经历了一次差点从脚手架上摔下来的事故后，约克才从盖尔森基兴离开。与其他成员不同的是，设计团队没有为她购买保险。因此克莱因把她送到了巴黎，让她保管自己在巴黎的公寓钥匙，并教导她如何学习法语。从这一刻起，约克成了克莱因的同居伴侣，并最终成了他的妻子。尽管有着这些在情感认同上、经济支持上和语言交流上的挑战，克莱因还是为剧院成功地创作出了六幅巨作：两幅带有涟漪效果的生染的蓝色大单色画（7米×20米）；四幅蓝色海绵浮雕，两幅沿主厅后墙布置（5米×10米），两幅位于下层寄物处（3米×9米）上方。1959年12月15日，德国最古老的技术建筑杂志《德国建筑》(*Deutsche Bauzeitung*)在其开业典礼上称赞这座新剧院"无可匹敌"。[1]

克莱因与乌瑙的大量通信表明双方在欧洲共同体的当代建设中的共识，二者都将盖尔森基兴作为法德和解之典范。在信中，克莱因用法语称赞盖尔森基兴为"了不起的欧洲态势"(merveilleuse situation Européene)[2]，高呼"盖尔森基兴万岁，乌瑙万岁，新欧洲万岁"(vive le théatre de Gelsenkirchen, vive Ruhnau et la situation Européene)[3]。乌瑙则用德语回信，"新欧洲长命百岁、万事如意"(Viele Grüsse und es lebe die europäische Situation)和"从此之后巴黎只有'新欧洲'"(Paris soll noch viel mehr von der "Europäischen Situation" traumen)[4]。在这些通信中，克莱因和乌瑙将剧院定位为一个雄心勃勃但尚未解决的政治工程，一个通过协商来应对作为地理、经济、社会政治和文化实体而即将出现的一体化的新欧洲所带来的各种复杂情况的工程。通过一种"合作美学"，克莱因对尚不清晰的

---

[1] 《德国建筑》，1960年1月至12月，第686页。
[2] "1957年11月，星期四，伊夫·克莱因给维尔纳·乌瑙的信"，见《盖尔森基兴蓝如何到达伊夫·克莱因：关于伊夫·克莱因和维尔纳·乌瑙之间合作的历史》，展览目录，威斯巴登博物馆，威斯巴登（2004），第41页。
[3] 同上，第42页。
[4] "1957年11月21日，维尔纳·乌瑙给伊夫·克莱因的信"，见《盖尔森基兴蓝如何到达伊夫·克莱因》，第42页；"1957年11月29日，维尔纳·乌瑙给伊夫·克莱因的信"，见《盖尔森基兴蓝如何到达伊夫·克莱因》，第44页。

欧洲理想进行了自己的处理。这种美学将在每个艺术家的特殊自我和艺术作品的共同成就之间进行协调。1959年1月,在杜塞尔多夫举行的让·丁格利的展览开幕式上,克莱因对这种美学进行了最清楚的阐发。当时这两位艺术家都在盖尔森基兴为音乐剧院辛勤工作。

> 我要向所有愿意听我讲话的人提出一个观点:合作!不过,要注意这个词的词源。合作意味着要在同一个项目上一起奋斗。我所提议合作的项目本身就是艺术!通过真正的艺术家的那取之不尽的生命之源,我们从梦幻般的、如图画般的心理世界的"反空间"的想象中解放出来,在艺术中可以找到这种解放……艺术家们同心同德地工作!这些富有艺术的艺术家们懂得人类对宇宙的责任之所在![1]

虽然没有明确提及第二次世界大战,但克莱因强调的"责任"、一定要留意的"合作"词源,以及那种使自己从败坏的过去中解放出来的呼吁,都带有强烈的法国哲学家让-保罗·萨特(Jean-Paul Sartre)的存在主义色彩。萨特是法国左翼知识分子的杰出代表。对于萨特和无数其他知识分子来说,在经历了1940年6月法国的惨败所带来的长达四年的被占领之后,他们懂得了与敌人的"合作"在何

---

[1] 伊夫·克莱因(Yves Klein),"在杜塞尔多夫举行的丁格利展览上的演讲(1959年1月)",第62—63页。

种意义上是可能的。"合作"意味着不管是在国家和公民社会层面,还是在全部历史和道德标尺方面,都要对纳粹占领者进行多种形式的微妙屈服和妥协。而这些屈服和妥协,作为深入研究和辩论的主题,在这里是无法得到公正对待的。为了给克莱因使用这样一个令人担忧的术语提供一个历史语境,我们必须指出的是,在法国向德国投降后,菲利普·贝当(Philippe Pétain)元帅所签署的那项停战协定(1940年6月22日),使德国人控制了包括巴黎在内的法国北部和西部领土,而法国本土政府则只保留了约五分之二的战前领土。1940年10月24日,也就是贝当在卢瓦河畔蒙图瓦尔会见阿道夫·希特勒的一周后,他通过电台向全国发表讲话,宣布了法德两国"合作"的政策,以此维护法国的统一,防止法国人民遭受更大的苦难。1940年7月,贝当领导的维希政权继承了第三共和国对法国的统治,这种情形一直持续到1944年8月。维希政权积极与纳粹德国开展合作,追捕所谓"不受欢迎的人",包括左翼活动人士、共济会成员、共产主义者、吉普赛人、同性恋者、地中海国家移民(métèques)和犹太人。事实上,在纳粹德国并不介入维希政府内部政务的情况下,它们还是很快就成立了一个委员会来重修《国籍法》。在1940年6月至1944年8月期间,有一万五千名法国人被剥夺了国籍,其中大部分是犹太人。[1]此

---

[1] 弗朗索瓦·马苏(Francois Masure),"国家和民族认同。关于入籍人士的含糊报道",《人类学家杂志》(2007年),第39—49页。

外，维希政府还主动颁布了第一部关于犹太人的法令（1940年10月3日），该法令强制实行种族隔离，并赋予了地方政府逮捕和拘役外国犹太人的权力（1940年10月4日）。根据历史学家罗伯特·帕克斯顿（Robert Paxton）和迈克尔·马鲁斯（Michael Marrus）的开创性研究，维希政府与第三帝国（纳粹德国）在意识形态上的一致，再加上它自身本就有的在文化和经济上的反犹太主义，让维希政府和纳粹德国的合作非常顺利。而这极大地促进了所谓的"最后方案"的提出：1940年，法国大约有三十万城市犹太人，其中有七万六千余人被不幸地驱逐到集中营（包括死亡集中营），只有两千六百人得以幸存。[1] 二战结束以后，维希政权被宣布为非法政府。但在法国解放后的很长一段时间里，法国和德国这两个国家在道义、物质和政治方面合作的平衡问题仍然处于痛苦和分裂的进程之中。

1945年8月，萨特发表了《什么是合作？》（*Qu'est-ce Qu'un Collabour*），一个关于"合作"概念的研究。萨特在《什么是合作？》中正面宣传并极大地拔高了法国抵抗运动的形象，并通过将合作的发生定性为一种个体病理学的论断，从而使合作事件边缘化。[2] 萨特认为，就像自杀或犯

---

[1] 迈克尔·马鲁斯（Michael Marrus）和罗伯特·帕克斯顿（Robert O. Paxton），《维希法国与犹太人》（斯坦福，加利福尼亚，1995年），第343—344页。
[2] 让-保罗·萨特（Jean-Paul Sartre），"什么是合作者？"，载于《法兰西共和国》，纽约，1945年8月，重印于《情境Ⅲ》中（巴黎，1949年），第43—61页。

罪一样，合作的倾向在每个群体中都会存在。当合适的社会条件存在时，一个人或一个社会团体（大多是离经叛道者、外国人和边缘阶层）就会被外人的恶劣思想和利益所"统治"，并将这种反抗本国社会的冲动视为一种本土文化的"异化"。在这一表述中，萨特暗示法国的"合作"不是一种普遍存在的现象，而是由外国（即德国）的影响所激发的一种边缘行为。萨特认为，唯一的解决办法是在一场全国革命中反抗和清除社会团体的这种不满情绪，恢复法国失去的统一。

在第二次世界大战结束十年之后，非常值得去提出这样一个问题：克莱因试图恢复法国人的耻辱感和羞耻心，并将之重塑和再造为一种在道德上正义的，具有普世价值的实践行为，并且思考是否具备任何真正的或者象征性的支持力量。这个问题是非常中肯的，毕竟，在二十世纪五十年代末，"合作"这个词已经逐渐摆脱了历史包袱，转而成为一种偏中性的表达（即合作、联合、整合）。尤其是当1963年戴高乐和康拉德·阿登纳（Konrad Adenauer）为了缓和德法关系而签署了《法德友好合作条约》，使得对于历史上"合作"的遗忘达到了顶点。[1] 克莱因选择这个充满政治色彩的词作为其美学策略的表达，尤其是在欧洲联盟

---

[1] 例如1959年11月3日戴高乐的讲话，被翻译并引用在《戴高乐，顽固的盟友》（纽约，1966）中，罗伊·麦克里迪斯（Roy C. Macridis）编，第134页："大国需要在各自承担责任的合作基础上团结起来，而不是在各国人民和政府发现自己被剥夺了角色和责任的基础上团结起来。"

的建立及其有关法德和解的辩论中,由一位法国艺术家在德国本土向德国观众传达这种美学策略,这一切都不可能是偶然的。不过,虽然"合作"一词确实唤起了包豪斯战前乌托邦式的愿望和战后对民族和解的希望,但在第二次世界大战期间,作为一个标语和工具的政治化不可避免地污染了它。艺术史学家南·罗森塔尔(Nan Rosenthal)认为:"克莱因提出的艺术合作建议"是一种"有意识地抹去二战期间的法国同德国'合作'这一历史事实的企图,也就是说,他试图将萨特所阐述的那种模糊不清的,并且不可避免地会产生负罪感的合作转变为道德……然而,他的尝试也产生了另外一种效果,那就是重新提出了'合作'这一它自身希望能被掩盖、被遗忘,又或者是消失在历史空白中好像从未发生过一样的特殊主题。"[1] 事实上,克莱因对于"合作"的使用极有可能是非常精准的,因为这个词不可能清除掉它所有的历史特定含义,从而被置于历史分歧的两边。即便它可以成为一个在道德上值得称赞的人道主义欧洲重建过程的一部分,但它身上那种在道德上令人厌恶的历史含义仍然存在着。如果人的政治立场正确,尤其是那些已经对1933年希特勒掌权后包豪斯的灭亡和战后法国的"肃奸"(épuration)都了如指掌的后世的人们,

---

[1] 南·罗森塔尔(Nan Rosenthal),"伊夫·克莱因的蓝色世界",博士学位论文,哈佛大学,1976年,第216页。

他们永远无法想象自己会参与其中。[1] 还有一个问题是，"合作"在德国意味着什么？（而在法国，克莱因在一次官方讲话中也使用了这个词）。[2]

在克莱因的范式中，"合作"对盖尔森基兴的德国观众来说意味着一个奇怪的难题，因为他或她都被鼓励合作，但在萨特的叙述中，却有可能因此而被羞辱和疏远，变得"边缘化和失范"。站在合作者的立场上意味着生活在危机之中，或者，正如克莱因所说，那些合作者"矛盾地处在既团结又分离的状态"[3]。当然，克莱因敦促艺术家在合作的框架内继续用第一人称说话（"我，我的，等等，而不是虚伪的我们、我们的。但这只有在郑重签署了合作协议之后"）。这种表述将合作视为一种内在冲突，一种认同和拒绝的混合体验，一种任何关于统一主体和统一历史的概念的极端暴力。如果我们将这种处于分离状态的合作扩展到政治领域，并以此作为法兰西-德意志关系更新的场所。那么克莱因的表述确实揭示了如下事实，为了欧洲的觉醒所

---

[1] 迈克尔·凯利（Michael Kelly），"战后时期的合作观"，在《法国的合作：纳粹占领时期的政治与文化，1940—1944 年》。格哈德·赫希菲尔德（Gerhard Hirschfeld）和帕特里克·马什（Patrick Marsh）编（1989 年，纽约），第 239—252 页。赫伯特·洛特曼（Herbert Lottman），《大清洗》（巴黎，1986 年）。罗伯特·阿隆（Robert Aron），《大清洗历史》（巴黎，1967—1975）。彼得·诺维克（Peter Novick），《抵抗与维希》（纽约，1968 年）。
[2] 伊夫·克莱因（Yves Klein），"艺术向非物质的演变：1959 年 6 月 3 日在索邦大学的演讲"，《克服艺术难题》，第 71—98 页。
[3] 伊夫·克莱因（Yves Klein），《超越艺术和其他著作的问题》，玛丽-安妮·西歇尔（Marie-Anne Sichère）和迪迪埃·塞米（Didier Semin）编，（巴黎，2003 年），第 103 页。

设想的法国与德国之间的和解,必须承认第二次世界大战所带来的共同的历史包袱。

作为一个假想中的崭新政治实体的统一欧洲,与一种新的共同体模式同步发展,这种新的共同体模式以"欧洲公民"的名义出现。在盖尔森基兴,这一概念在一个靠近剧院施工现场的旧消防站得以实现。《世界报》(*Die Welt*)的编辑赫尔穆特·德·哈斯(Helmuth de Haas)将其命名为"工棚"(Bauhütte)。这座建筑既是施工团队行政和管理办公的中心所在,也是这个由官员、工程师、建筑师、艺术家和建筑工人所组成的国际团队的生活和休息场所。[1]为了确保这项跨文化社会实验在取得团队成功的同时,也能充分尊重个体权利,克莱因同其他"居民"签订了一份有着严格规章制度的正式公约,这份由德语撰写的公约,内容涵盖了日常生活的一切:洗衣、杂货、清洁、修理、燃料、暖气、邮费、睡眠安排、日程安排、卫生和秩序标准,以及违反公约规定所应受的惩罚等。在这种极端务实的生活安排中,克莱因和乌瑙建立了一个理想主义的圣地,并成立了一个被命名为"蓝色爱国者党"(Blue Patriots Party)的组织,同时他们还提名自己为这个组织的首要领导人。正如乌瑙所回忆的那样:"伊夫和我将成为分别代表法国和德国的'领袖',而安尼塔·乌瑙(Anita Ruhnau)、

---

[1] 赫尔穆特·德·哈斯(Helmuth de Haas),"建筑就是舞台:盖尔森基兴的新剧院",《世界》,1959 年 4 月 3 日。

伯纳黛特·阿兰、弗朗兹·克劳斯（Franz Krause）、保罗·迪尔克斯（Paul Dierkes）和查尔斯·威尔皮（Charles Wilp）等人将成为我们的党员。"[1] 虽然这个组织并没有任何硬性规定，但是"元首"的职位会在克莱因和乌瑙穿越法德边界时交替。不过，实际上，似乎只有克莱因会经常开车在巴黎和盖尔森基兴之间往返，而乌瑙大部分时间都在施工现场管理剧院的建设。也正是这样，克莱因才将他们合作联盟中所共同产生的许多想法据为己有。

"空中建筑"计划就是这样的一个例子。这个计划诞生于克莱因那一直以来对于非物质形态的追求同乌瑙在建筑史和工程学方面的知识的结合。都有着稀奇古怪、天马行空想法的克莱因和乌瑙，设想了一种完全由自然元素构成的新型建筑。克莱因将之称为"新伊甸园"，而乌瑙则称之为"明日之城"。在他们的梦想中，他们将使用空气、水和火来完成其建造。[2] 在极高的压强下所形成的漏斗状的空气环流，使得家具可以悬浮。水和火则是调节这一环流的基础。在空气屋顶的保护下，流动人群可以赤身裸体地在地表闲逛，并在各种"微气候"地带纳凉。作为这种无形

---

[1] 维尔纳·乌瑙（Werner Ruhnau），《太空，游戏和艺术》，展览目录，该地区的音乐剧院，盖尔森基兴（2007年），第152页。
[2] 伊夫·克莱因（Yves Klein），"空中的空气建筑与空调"，《伊夫克莱因：空中建筑》，彼得·诺弗（Peter Noever）和弗朗索瓦·佩林（François Perrin）编，展览目录，麦克艺术与建筑中心，洛杉矶（2004年），第97页；弗朗索瓦·佩林（François Perrin），"空中建筑的想象力与问题"，载于《伊夫·克莱因：空中建筑》，第11页。

建筑所产生的影响,社会集体构造也将发生根本性的改变。在克莱因看来,"心理学上的家庭环境"及其"原始父权制结构"都将被摧毁。[1] "亲密概念"必须从根本上重新考虑,因为"新伊甸园"将是"自由的、个人主义的和客观的"[2]。这些想法源于一种在智识上和个体上的密切协同,并与当时在欧洲流行的一些富有创见的都市循环概念相结合,例如英国的艾莉森(Alison)和彼得·史密森(Peter Smithson)、荷兰的范·艾克(Van Eyck)和法国的尤纳·弗里德曼(Yona Friedman)。1959年4月,克莱因获得了这些早期设计的独家专利,其中包括空气屋顶以及水火喷泉。他还单独同法国建筑师克劳德·帕朗(Claude Parent)开展了一次合作,后者绘制了火墙、水火喷泉和"无形"房屋的概念图。1959年6月3日,在德国驻法国大使和德国驻巴黎文化专员的支持下,克莱因在索邦大学举行了一场名为"指向无形的艺术进化"的公开演讲。在这场演讲中,克莱因将"空中建筑"计划的提出提前到1951年。克莱因公开表示,正是在被誉为"西班牙的凡尔赛宫"的拉格兰哈宫(La Granja de San Ildefonso)的游览过程中获得了这一灵感,而不是在他同乌瑙相识之后。虽然在这次演讲中,克莱

---

[1] 伊夫·克莱因(Yves Klein),"只有待在一个地方,一个人才能无处不在",《伊夫·克莱因:航空建筑》,诺弗(Noever)和佩林(Perrin)编,第30页;伊夫·克莱因(Yves Klein)和维尔纳·乌瑙(Werner Ruhnau),"空中建筑项目",《克服艺术难题》,第174页。
[2] 同上。

因朗诵了一首他为乌瑙写的诗来向其表达敬意，同时还提及了他和乌瑙共同的"我们的空中建筑宣言"，认为乌瑙也肯定会强调"我的火墙和水墙"[1]。出席了此次讲座的帕朗，仍然记得克莱因在演讲中所散发出的令人难以置信的能量和人格魅力。"如果有时人们会觉得他非常古怪的话，那是因为他已经准备好了去做那些将被人们铭记的事。"[2] 在一篇名为《空中建筑和空间的空气调节》（Air Architecture and Air Conditioning of Space）的文章中，克莱因将"他的"这一灵感的出现提到更早之前，也就是 1950 年。他还在这篇文章中讲述了他是如何"说服"维尔纳·乌瑙接受他的这种"空中建筑"的理念的。[3] 相比在法国展示其作品时对于所有权的重视，在德国公众面前克莱因似乎显得尤为"大气"。1959 年 1 月，克莱因在杜塞尔多夫的一次演讲中，强调了他与乌瑙所"共同"进行的工作。[4] 在这个冗长而又相互矛盾的声明中，克莱因的意图和目的是让乌瑙降级为他的一个"打工人"，而不是一个平等的合作伙伴。

在克莱因同乌瑙的合作期间，他们二人还共同设想了一个包豪斯的更新方案。按照他们的设想，这座由沃尔

---

[1] 伊夫·克莱因（Yves Klein），"艺术向非物质性的演变：1959 年 6 月 3 日在索邦大学的演讲"，《克服艺术难题》，第 97 页。
[2] 安妮特·卡恩（Annette Kahn），《伊夫·克莱因：蓝色大师》（巴黎，2000 年），第 256 页。
[3] 伊夫·克莱因（Yves Klein），"空中建筑的空气与空调"，第 97 页。
[4] 伊夫·克莱因（Yves Klein），"在杜塞尔多夫举行的丁格利展览上发表的演讲（1959 年 1 月）"，第 64 页。

特·格罗佩斯（Walter Gropius）于1919年创立的综合了艺术、手工艺和技术的著名艺术设计院校，将会在新成立的部门"感性中心"找到新的生命。尽管它从未实现，但在克莱因和乌璐的呼吁中，这是一种"将创造性想象力唤醒，并以此作为个人肩负力量之潜力"的艺术训练计划。[1] "感性中心"将有二十名"大师"和三百名学生，涵盖雕塑、绘画、建筑、戏剧、电视、经济、宗教、政治、哲学、评论、电影、军事和摄影等多个学科。这里的教师将是各自领域的专家，部分候选名单包括：负责雕塑的是让·丁格利；负责绘画的是卢齐欧·封塔纳（Lucio Fontana）、奥托·皮勒（Otto Piene）和伊夫·克莱因；负责建筑的是弗雷·奥托（Frei Otto）和维尔纳·乌璐；负责戏剧的是克劳德·帕斯卡（Claude Pascal）、皮埃尔·亨利（Pierre Henry）、斯尔温诺·布索蒂（Sylvano Bussotti）、莫里西奥·卡赫尔（Mauricio Kagel）；负责军事的是摩西·达扬（Moshe Dayan）将军，他刚从以色列国防军参谋长的任上退休。与资本主义社会所强调的物质的量的生产相反，这个中心的目的是激发学生"不受任何限制的想象力"[2]。为了实现这一质的目标，在这个中心，既没有任何标准，也没有任何考试，只有发生在师生之间的"合作游戏"。

---

[1] 伊夫·克莱因（Yves Klein），"在杜塞尔多夫举行的丁格利展览上发表的演讲（1959年1月）"，第68页。
[2] 同上。

在与维尔纳·乌瑙的密切合作之外，克莱因还同让·丁格利建立了牢固的关系。这位瑞士艺术家于1952年从巴塞尔来到巴黎，并于1955年在蒙帕纳斯的一条小巷子里成立了一个工作室。这条小巷子里还有一些别的艺术家的工作室，比如马克斯·恩斯特（Max Ernst）和康斯坦丁·布朗库西（Constantin Brancusi）。1955年4月6日到4月30日，丁格利在著名的丹妮丝·勒内画廊（Galerie Denise René）举办了一场名为"运动"（*Le Mouvement*）的展览。正是在这次展览上，他结识了克莱因。后者的画作在那个时候刚刚被沙龙拒绝。他们志趣相投，很快便成了朋友。1958年，他们决定合作创作一件共同署名的作品：《单色刺激的变形》（*Méta-morphe sur une exaspération monochrome*）。这幅作品以克莱因的一幅大型蓝色单色画为底色，并在上面覆盖了与之颜色相近的丁格利的动力学设计。这两位艺术家试图在新现实沙龙展出这幅作品，但评委会再次拒绝承认克莱因的单色画创作。为了抗议评委会的拒绝，在皮埃尔·雷斯塔尼近乎"疯狂"的"声势浩大"的宣传下，克莱因和丁格利计划换一个地方展示他们的作品。他们还打算破坏新现实沙龙的开幕式，并通过观展时用手电筒所发射出的蓝光来"占有"其他艺术家的作品。不过，由于这次展览的时间同克莱因在盖尔森基兴的工作相互冲突，他无法出席新现实沙龙的开幕式，"蓝色殖民行动"也就因此作罢。"虚假的新现实沙龙，"克莱因写道，

"幸运地从我们的抗议中逃脱了。"[1] 这次失败的创作实验并没有阻止他们继续前进。在随后的几个月里,他们改进了合作理念,开始将重叠的两个元素转变为一个连贯的整体。在这一理念的指导下,诞生了一系列带有发动机的可旋转的蓝色圆盘。这些直径在 9 厘米到 50 厘米之间的不同大小的圆盘,要么放在地上,要么放在零散的木制或金属腿上,要么安装在墙上。它们以每分钟 450 转到 10000 转的不同速度不停地旋转。1958 年 11 月,克莱因和丁格利计划在伊利斯·克莱尔画廊以"纯粹速度和单色稳定性"(*Pure Speed and Monochrome Stability*,1959 年 11 月 17 日才正式开展)为名,展出了这些创作中的作品。当发动机启动后,圆盘运转轰隆作响,整个画廊都充满了嘈杂的噪声。这次展出之后,他们之间的合作获得了第一次成功。此后,这两位艺术家决定继续合作。而正是在之后的合作中,至少在克莱因的描述里,理想与现实之间的落差成了一个无法逾越的鸿沟。

在如何利用塑料管道上的分歧使他们的关系濒临崩溃。显然,丁格利对克莱因让不同温度的空气在一个管道内循环的想法并没有表现出足够的热情,于是,克莱因便将包括塑料管道在内的整个装置都称为"我的机器"。这种将全

---

[1] 伊夫·克莱因(Yves Klein),"纯粹的速度和单色稳定性,与伊利斯·克莱尔画廊的让·丁格利(Jean Tinguely)合作举办的展览",《克服艺术难题》,第 31 页。

部创意都据为己有的表达激怒了丁格利,他开始对理念的所有权变得非常敏感。这也促使克莱因创作了一篇关于嫉妒和合作的长文。在这篇文章中,克莱因回忆起他同克劳德·帕斯卡于1950年在爱尔兰的共同生活。在那个时候,克莱因是一个"世俗的人",深陷消极和自私的思想当中。而帕斯卡则是一个慨然互惠的"精神的人"。但此后克莱因完成了蜕变,克莱因开始将自己描绘成一位仁慈导师的形象。于是,他把丁格利称为物质驱动的希兰(Hiram),而把自己称为精神驱动的所罗门(Solomon)。他给丁格利的建议是"征服自己,成为一个对所有属于你的事物都能够言说'我''自我'和'我的'的个体和创造者,但这一切都不属于你,甚至包括你自己的生命"[1]。克莱因的建议虽然是针对丁格利的,但又非常适合用于他本人。适用于一旦涉及同样问题,他本人所表现出的那种不安情绪和举止。对于克莱因来说,在原创性的问题上同合作者分享荣誉,承认其他艺术家或许也在使用同他相似的理念和技术,是让他非常难以接受的。

克莱因很容易在慷慨和狭隘之间摇摆不定。比如,就在他想通了与丁格利的分歧,并邀请丁格利加入盖尔森基兴设计团队的同时,他忧心忡忡地给阿尔芒写了一封关于

---

[1] 伊夫·克莱因(Yves Klein),"纯粹的速度和单色稳定性,与伊利斯·克莱尔画廊的让·丁格利(Jean Tinguely)合作举办的展览",《克服艺术难题》,第35页。

潜在"抄袭者"的信。这封信的背景是,在法国的米迪地区,有一位不知名艺术家也在用裸体模特进行艺术创作,并且还在卡涅举办了展出。当克莱因得知了这一消息的时候,他感受到了威胁。"这很严重。这个人一定是那个在1958年6月的展出之后休假时同我讲话的人。"[1] 克莱因还让阿尔芒在当地的《尼斯晨报》(*Nice Matin*)上发表了一篇文章,以此强调是克莱因的"人体绘画"开创了用女性身体印记进行系列艺术创作的先例。另一个与所有权有关的愤怒,是克莱因给伍多·库尔特曼(Udo Kultermann)写的一封抗议信。在这封信中,克莱因声称"单色画"一词属于他,并要求库尔特曼避免使用它。[2] 他那试图将单色画这一概念完全据为己有的痴迷,在这一时期他所创作的两幅漫画中可以清楚地看到:《马列维奇或远处的空间》(*Malevich or Space from a Distance*,1958)和《马列维奇的位置与我的关系》(*Position of Malevich in Relation to Me*,1959)。在这两幅漫画中,这位俄罗斯艺术家都站在一个支撑着空白画布的画架前。他拿着调色板和画笔,目不转睛地盯着一幅单色画——可想而知是克莱因的,这便是他的"静物写生"。克莱因当然知道,马列维奇是一个无法回避的历史先例。然而,这幅创作于1959年的漫画用一段巧妙

---

[1] 安妮特·卡恩(Annette Kahn),《伊夫·克莱因:蓝色世界》,第312页。
[2] 伊夫·克莱因(Yves Klein),"新现实主义的真相",《克服艺术难题》,第176页。

的文字展示了一种维护其原创性的创意尝试,即使仅仅是通过纯粹的坚持:"相对于我自己而言,马列维奇的真实位置位于时间现象学之外!"

以类似的方式,克莱因与同样在克莱尔画廊展出过作品的希腊艺术家塔基斯(Takis)的关系,也由于他们二人对悬浮物的共同兴趣而变得复杂。在对悬浮物的研究中,塔基斯是领先克莱因的。1959年7月他在克莱尔画廊展出了三件磁悬浮雕塑作品,并因此声称自己在这方面的绝对"独创性"。克莱因是在参观位于意大利卡夏的圣丽塔神龛时得知这一"事变"的。他当时就无法控制自己,给克莱尔写了一封信。在这封信中,他谈论了一项"惊人发明"。这项发明可以让他的海绵作品从底座脱离,从而漂浮在空中。如同塔基斯一样,通过在空心海绵浮雕内部使用氦气作为动力,他将获得一种"纯粹悬浮"。克莱因要求克莱尔发誓要对信的内容保密,并要她"把信藏起来","不要告诉塔基斯信中的任何一丁点内容……如果塔基斯发现了,他会发疯的"。克莱因还告诉克莱尔已经将这封信的副本寄给了他自己,以此作为这封信所写时间的证明。也正是在这时,事情开始变得复杂了:为了证明他的创意在塔基斯之前,克莱因把这封信的时间提前到了5月21日,也就是在塔基斯的展览开幕之前。然而,匆忙之中他忘记了一个事实,那就是5月中旬他根本不在卡夏。与此同时,还有一个更大的纰漏:他在这封信中提到了写信当天之后发生的事情［即让·高克多（Jean Cocteau）对于他在当年 6 月展出的海绵浮雕的评论］。这样一份伪造的信件，让克莱因陷入一场口水战之中，并差点失去了同克莱尔的友谊。从此，他们二人之间的关系日渐冷漠。1960 年春，这出戏终于迎来了最后一幕。当时克莱尔刚从美国回来，她发现，克莱因在她不在法国的时候，将所有委托给克莱尔画廊的作品都拿走了。在克莱因看来，克莱尔制造了许多"冒牌克莱因"。他还威胁克莱尔要提起法律诉讼。就这样，这位克莱因最重要的合作伙伴之一，在痛苦和愤怒中结束了同克莱因的关系。[1]

1964 年，在纽约举行的国际博览会上，克莱因的"水火喷泉"方案被弃用了。主办方所采用的是一种与克莱因的设计相类似的替代方案。这一消息激怒了克莱因，他当即给让·拉卡德右岸画廊（Jean Larcade's Rive Droite Gallery）的经理乔治·玛西小姐（Mademoiselle Georges Marci）写了一封信。在克莱因同克莱尔画廊解约之后，他同拉卡德画廊签约了，乔治·玛西小姐也因此成了他的经纪人。在信中克莱因表示："水火喷泉是属于我的，它是属于我的神话。这场战斗才刚刚开始，我不能放松警惕，我的想法已经从我这里被别人窃取了。我可以接受被模仿，但我不想被抢劫。我要成为践行自己创意的第一人。"[2] 由

---

[1] 安妮特·卡恩（Annette Kahn），《伊夫·克莱因：蓝色世界》，第 313 页。
[2] 同上，第 349 页。

于无法控制自己的怒火,克莱因还给著名建筑师菲利普·约翰逊(Philip Johnson)写了一封信,寄希望于这位有影响力的人物能为他说话。克莱因要求国际博览会的主办方正式指定他为"合作者"和"艺术顾问",并将他的名字写入所有的宣传材料当中。虽然这位前辈是首批从克莱尔画廊购买其海绵浮雕的顾客,但克莱因与约翰逊在此之前并未谋面。不过,克莱因并不怯于为自己的荣誉而寻求帮助。"我相信,"他在信中写道,"你一定会介入到这件事为我说话的,这样我就不会在道德上感到被劫掠了。"[1] 约翰逊礼节性地回复了克莱因的来信,并在回信中指出,在1939年的国际博览会上就已经展出过类似的水火喷泉,它们并没有什么革命性的内容。

在批评者眼中,为国际克莱因蓝申请"专利",是克莱因最臭名昭著的举动。一个人真的可以宣称自己是这种能够批量生产的色彩的初创者吗?自从克莱因1961年5月19日在法国国家工业产权中心提交了一份代表专利申请的"索洛信封"之后,这场争论就一直没有平息。正如法国学者迪迪埃·塞米(Didier Semin)所言,克莱因并没有像许多人以为的那样,为一种蓝色或黏合剂申请专利。克莱因只是想要获得对这种特定化学配方的"临时保护"。这种较低等级的担保有效期只有五年,同时也并不提供与专利相

---

[1] 安妮特·卡恩(Annette Kahn),《伊夫·克莱因:蓝色世界》,第350页。

同的权利。[1] 1960年春，在采取措施保护"他的"颜色的同时，克莱因也在考虑如何通过将自己的作品外包给他人来确保自己的"遗产"得以延续。他与雷斯塔尼、帕斯卡、阿尔芒以及和电影制作人让-皮埃尔·米鲁兹（Jean-Pierre Mirouze）共同创立了一个名为"国际克莱因局"的机构。通过与"国际克莱因局"的独家合作，每一个核心附属公司都可以创作克莱因蓝单色画，并且可以以克莱因的名字作为署名。

吊诡的是，克莱因的"合作者"角色在新现实主义（Nouveau Réalisme）组织成立的那一刻消失不见了。这个团体的成立是皮埃尔·雷斯塔尼的主意。1960年5月，他在米兰的勒·诺西画廊策划举办了一个名为"新现实主义者"（*Les Nouveaux Réalistes*）的展览，参展成员包括阿尔芒、丁格利、海恩、克莱因等人。新现实主义的首个宣言，正是这次展览的目录的前言。在宣言中，雷斯塔尼宣称架上绘画已经过时了，他呼吁"感知需要真实世界的激情冒险，而不是通过想象或概念的棱镜反射"。新现实主义者以对"完全的社会学现实"的"直接表达"为共同纲领，取代了传统艺术形式所要求的沉思距离。[2] 米兰的这次展览

---

[1] 迪迪埃·塞米（Didier Semin），《画家及其存款模型》，布赖恩·霍姆斯（Brian Holmes）译（日内瓦，2001年）。
[2] 皮埃尔·雷斯塔尼（Pierre Restany），"新现实主义者，1960年4月16日，米兰，（第一宣言）"，载于《从另一面艺术看新现实主义》（尼姆，2000年），第38页。

是新现实主义运动重要的第一步，但雷斯塔尼还希望能在巴黎发起一场正式运动，他同时也在等待召开成立大会的契机。第二届先锋派艺术节定于1960年11月18日在凡尔赛宫举行，雷斯塔尼认为这为新现实主义团体的成立提供了一个完美时机。在先锋艺术节开幕三周前，1960年10月27日，星期四，上午十一点，雷斯塔尼邀请了九位艺术家到伊夫·克莱因位于第一运动街14大道的公寓来。受邀者包括雷蒙德·海恩（Raymond Hains）、雅克·维勒特莱（Jacques Villeglé）、弗朗索瓦·杜弗莱纳（François Dufrêne）、阿尔芒、让·丁格利、塞萨尔、马歇尔·雷斯（Martial Raysse）、丹尼尔·斯波里（Daniel Spoerri）、米莫·罗泰拉（Mimo Rotella）。在这次成立大会上，除了塞萨尔和罗泰拉没有出席之外，一共有八名艺术家到场。会议照片显示，他们坐在克莱因那铺着地毯的阳光明媚的公寓地板上，氛围很轻松。但据海恩回忆，一场激烈的讨论即将开始。雷斯塔尼坚信，这样一场运动会让这些年轻的艺术家成为聚光灯下的焦点，克莱因却对把所有的鸡蛋都放在一个篮子里表达了一种审慎的态度，尽管克莱因经常说艺术家要进行合作。具体来说，他的担心在于，这种地域色彩浓重的组织会阻止其他评论家参与到他的作品中来。依附于这种"集体奇点"（collective singularity），一方面可以通过合作获得帮助，但另一方面也是对个人独特性的削弱。与此同时，私人关系以及在这个房间中所划分出的相互对立的两个派别成了这次讨论持续进行的动力。这两派中的其中一派是由来自尼斯和瑞士的艺术家组成:克莱因、阿尔芒、雷斯,以及丁格利和斯波里。另一派是:海恩、维勒特莱和杜弗莱纳。很明显,对于塞萨尔(缺席)以及雷斯能否最终成为这一组织的一员,大家的意见多有反复。另一个冲突的发生由对团体名称的选择所引发。雷斯塔尼认为应以"新现实主义"为名,而克莱因则认为要么用"现实主义"(Réalisme),要么用"今日现实主义"(Réalistes d'aujourd'hui)来进行命名。最终,在团体以何命名的问题达成一致之后,克莱因用彩纸制作了九份宣言声明,其中七份蓝色,一份金色,一份粉色。每一份声明上,都有同样的内容:"1960年10月27日星期四,新现实主义者们发现了他们的'集体奇点'。新现实主义 = 一种新的对现实的感知方法。"在签署声明的第二天,阿尔芒、海恩、雷斯、雷斯塔尼和丁格利再次在克莱因的公寓里相聚,他们作为一个团体的合作正式开始了。一年后,也就是1961年,塞萨尔、米莫·罗泰拉、妮基·德·圣法尔(Niki de Saint Phalle)、克里斯托(Christo)和热拉尔·德尚(Gérard Deschamps)加入了这个团体,并成为核心成员。

从新现实主义运动开始的那一刻起,如何将这些风格迥异的艺术家凝聚在一个共同的屋檐之下就成了争论的焦点。虽然克莱因在声明上签署了自己的标志性称谓"单色画伊夫",但在他的朋友们看来,克莱因对自己的公共身份被雷斯塔尼所主导和界定越来越感到不满。在加入新现实主义组织之前，克莱因曾向评论家米歇尔·拉贡（Michel Ragon）和阿兰·儒弗瓦（Alain Jouffroy）寻求合作。但这两人都拒绝了这位艺术家合作的请求，毕竟，他们与雷斯塔尼有着密切的私人关系。差不多在签署宣言的一年之后，克莱因离开了这个组织。1961年5月17日至6月10日，雷斯塔尼在他的第二任妻子所经营的J画廊举办的名为"达达以上40度，新现实主义"（À 40°au-dessus de Dada les Nouveaux Réalistes）的展览，成了促使克莱因选择离开新现实主义的直接原因。在这次展览的一份声明中，雷斯塔尼坚持认为新现实主义者是达达的分支。而当克莱因读到这份声明后，他表现出了一种出离的愤怒。但由于当时他人在美国，不能立即找到雷斯塔尼当面对质。于是，他给他的这位老朋友写了一封并不太容易的信。在这封信中，克莱因终于将积攒已久的所有分歧都和盘托出。不过，克莱因所采取的口吻非常节制，极端的礼貌甚至带有一丝谦卑。克莱因坚称自己"并不完全同意'达达以上40度'的观点"，"我已经为自己的精神的、情感的和现实主义的立场奋斗了太久，我无法接受以任何方式与达达主义有任何联系，无论是亲近还是遥远，无论是40度以上还是40度以下！！"[1] 尽管克莱因还在信中提及了自己也是新现实主义

---

[1] 安妮特·卡恩（Annette Kahn），《伊夫·克莱因：蓝色世界》，第312页。

的联合发起人,但他还是是以这种方式向这个组织递交了辞呈,并要求雷斯塔尼将他的作品从展览中撤去。

不过,由于这封信来得太晚了,直到展览结束,克莱因的作品都仍然存放在 J 画廊的展窗中。同样,在这封信抵达目的地之前,拉卡德右岸画廊所举办的整合了美国艺术家作品的扩大版"达达以上 40 度"也展出了克莱因的作品。在"巴黎和纽约的新现实主义"(Le Nouveau Réalisme à Paris et à New York)的旗帜下,克莱因的作品与阿尔芒、塞萨尔、丁格利、海恩、妮基·德·圣法尔、贾斯培·琼斯(Jasper Johns)、李·邦特科(Lee Bontecou)、罗伯特·劳森伯格(Robert Rauschenberg)、瓦尔达·克利萨(Varda Chryssa)、理查德·斯坦基耶维奇(Richard Stankiewicz)和约翰·张伯伦(John Chamberlain)的作品一同在这次展览中展出。对于远在美国的克莱因来说,他似乎只能静待事情的发展,然后再策划他的下一步行动。1961 年 10 月 8 日,在被克莱因命名为"中立观察者之日"的这一天,克莱因召集了阿尔芒、雷斯、维勒特莱、海恩、杜弗莱纳,以及评论家皮埃尔·德卡尔格(Pierre Descargues)、约翰·阿什伯里(John Ashbery)、热拉尔德·加西奥-塔拉波(Gérald Gassiot-Talabot)和阿兰·儒弗瓦在他的公寓里举行了一次告别雷斯塔尼和新现实主义的仪式。[1] 每一位到

---

[1] 伊夫·克莱因(Yves Klein),"新现实主义的真相",《克服艺术难题》,第 176 页。

场的客人都拿到了一篇名为《现实超越虚构，现实主义超越客体》(*La Réalite depasse la fiction, le réalisme dépasse l'objet'*)的阐述自己离开原因的告别宣言。克莱因重申，他不同意雷斯塔尼在新现实主义章程中对于客体的特权，也不同意他对达达主义的"滥用父子关系"般的强调。[1] 再一次，这里所提示的一个非常明显的潜台词是：克莱因是这个团体的联合发起人和共同所有者，事实上，正是克莱因的艺术才定义了这个团体的身份。"严格来说确实是这样，这一运动最初确实是建立在伊夫·克莱因的理论之上的：单色、蓝色、非物质、虚空、人类超维度的元素。"[2] 而据阿尔芒回忆说，他反对克莱因使用这些文字的策略，并因此导致了他们二人之间长达一年的不和："你不是作家、知识分子或艺术评论家。分析这项工作属于别人……作为布列塔尼人和超现实主义的继承者，以警察和牧师的姿态承担起艺术裁判的角色，这太荒谬了。"[3]

于是，克莱因和雷斯塔尼之间的创造性的伙伴关系暂时发生了变质，克莱因作为合作者的形象也象征性地消失了。

---

1 伊夫·克莱因（Yves Klein），"新现实主义的真相"，《克服艺术难题》，第176页。
2 安妮特·卡恩（Annette Kahn），《伊夫·克莱因：蓝色世界》，第313页。
3 阿尔芒（Arman）和蒂塔·罗伊特（Tita Reut），《伊夫·克莱因，替代》（尼斯，1998年），第60页。

8 中产阶级神秘主义，
1958—1962

> 关于我在非物质方面的尝试，也就是说，"虚空"……是无法给你一张照片的。为了清楚地展示我的坚定信念，请发表我亲手所写的这个影印件。[1]

克莱因所在的灵修组织是非常有名的。作为一个修行中的天主教徒，他是圣丽塔崇拜的拥趸，也是玫瑰十字会的资深成员，这让他同艺术家们，不管是老一辈的，还是同时代的，都有很大差异。在二十世纪五十年代中期，由于第二次世界大战所带来的战争创伤，以及资产阶级人道主义传统的觉醒，大多数艺术家和知识分子都投入到一种激进的世俗主义之中。战后占据主导地位的思想，即马克思主义、存在主义和现象学，

---

[1] 伊夫·克莱因（Yves Klein），"关于我对非物质性的尝试"，起草在一张纸上，收藏于伊夫·克莱因（Yves Klein）档案馆并发表在《克服艺术难题：伊夫·克莱因的著作》，克劳斯·奥特曼（Klaus Ottmann）译（帕特南，康涅狄格，2007年），第207页。

掀起了一场在总体上的唯物主义思潮。然而，克莱因，一个"神秘主义者"，却将他的实践同形而上学的意义联系起来，同时祈求他的守护者和宗教信条，去启发、庇佑以及保护他的艺术作品。尽管克莱因从未宣布放弃物质世界，也并未断绝他与资产阶级趣味之间的关联。但在他的价值和符号体系以及战后法国中产阶级欲望的表达之中，克莱因掺入了一种神秘主义的表述。"中产阶级神秘主义"的身份在如下作品中可以清楚地看到：《人体绘画》（1958—1960）、《跃入虚空》（1960）、《火焰之画》（1961）、《献给卡夏的圣丽塔的圣骨匣》（*the Ex-voto dedicated to St Rita of Cascia*，1961）。克莱因作品的这种试图恢复宗教的精神性，以及实践不同道路的先进资本主义的美学努力，让许多克莱因同时代的人难以欣然接受。

克莱因的初步尝试是《人体绘画》。1958年6月5日，在罗伯特·戈代于圣路易斯举行的一次私人晚宴上，在大约四十人的围观下（这其中包括记者以及身着正式晚礼服的收藏家们），克莱因指挥一位赤裸全身并且身上涂满蓝色颜料的女模特以自己的身体为画笔，在一块铺在地板上的白色画布上作画。这种特别的创作所形成的作品同克莱因的单色画在形式上是一致的，但是在技术操作上却很不一样。在这次现场作画的创作中，没有什么是自发和无意识的。如同克莱因的大多数作品一样，这次历时二十分钟的创作也是在一种非常安静的状态下进行的。只不过，这种公然带有情色意味的举动似乎是对健康趣味的一种越界。克莱因在接下来的两年时间里继续这种以人体模特为画笔进行创作的探索,而这些模特,也在克莱因的作品中留下了自己独一无二的印记。另外,在这些人体画笔中,还包括了他的女友罗特劳特。为了捕捉到更加精致的肉体痕迹,克莱因还从他曾经的单色画中找到了一种不一样的合成颜料。克莱因每次创作的顺序都是一致的:先是模特将自己的肩膀、胸、肚子、大腿涂抹上一层厚厚的克莱因蓝,然后克莱因指挥她们站在地上,或者在高低不一的长方体阶梯上,用涂满颜料的身体正面贴在墙上或者地板上的画布上,留下自己身体的印记。

1960年2月23日,克莱因邀请了皮埃尔·雷斯塔尼和博物馆主管伍多·库尔特曼前来观赏这一崭新形式的绘画。那一天被雷斯塔尼称为封神之日——"一种新的人体学纪元的庆典",当天所有出席的人也都签名留念。[1] 几周之后,在1960年3月9日,一些被邀请的宾客聚集在国际当代艺术画廊。那天傍晚,克莱因的三个模特在由一流的音乐家演奏的《单色交响曲》的伴奏下,进行了一场精心编排的表演。同约翰·凯奇(John Cage)对于音乐边界的当代实验相似,这首交响曲由二十分钟的演奏以及后面长达二十分钟的绝对静默组成,在乐曲第二章的静默中,演奏

---

[1] 安妮特·卡恩(Annette Kahn),《伊夫·克莱因:蓝色世界》,(巴黎,2000年),第280页。

者在原处始终保持不动。当然，对于这座美术馆的拥有者阿奎恩伯爵和他的首席艺术家兼顾问来说，这段表演并不是一个彻头彻尾的惊喜。除了他们二人之外，剩下的那些穿着考究的赞助人则都为接下来要呈现的奇观而坐立不安：带着装满蓝色颜料的颜料桶和海绵的模特们一入场就引燃了舞台，她们用海绵蘸着颜料将自己的身体涂抹成蓝色。首先是一个模特用自己的身体在铺在地上的纸上翻滚，创作了一幅单色画。与此同时，另外两个模特，踏上墙边已经准备好的阶梯，用自己的身体垂直按压在悬挂在墙上的纸上，按压出了八个轮廓。紧接着的这一幕伴随着一首叫作《动力轨迹》（*Dynamic Traces*）的合作曲目，其中一个模特用肚皮贴着地面趴在地上，另外一个模特则拉着她的双手拖曳，以她的肚皮在画布上创作出画作。与此同时，同模特们形成鲜明对比的是，克莱因穿着考究的黑色燕尾服，戴着白色的蝴蝶结，脖子上挂着圣塞巴斯蒂安骑士团勋章。在大约四十分钟的表演过程中，他与他的"人体画笔"之间没有任何接触和直接联系。

为了便于观众理解《人体绘画》，雷斯塔尼为观众们提供了一份解说。在国际当代艺术画廊邀请来宾前来参加此项活动的邀请函上，雷斯塔尼将克莱因的"蓝色姿态"同拉斯科洞穴以及阿尔达米拉洞穴中的岩画相联系。这位批评家声称，这两项作品，尽管相隔四万余年，都"预示着人类对于自我意识同世界关系的一种觉醒"[1]。

而克莱因用一种别样的男高音解说这项作品。当乔治·马蒂厄（Georges Mathieu）以"对你来说艺术是什么"这一问题来刁难克莱因的时候，克莱因简短而又有力地回答道："艺术是健康。"[2] 在一篇名为《真理变成现实》（*Le vraie devient realité*）的文章中，克莱因对于《人体绘画》做了详细的解读。在这位艺术家看来，对于他的"虚空"试验来说，他对于人体画笔的使用，是一次在总体上的平衡。人体的"情绪氛围"以及"肉味"平衡了他对于绝对图像空间的旋转、孤独的追求。[3] 这种很容易就被当代存在主义所关注的现象学般的肉体盛宴，同时也与克莱因的基督教信仰和柔道训练有关。

克莱因声称，对于无形抑或"虚空"的"发现"，证明了他是一个"真正的基督徒"，一个真正的"完全相信肉身复活的"基督徒。[4] 在他看来"画笔的时代即将终结，我关于柔道的知识将会变得非常有用。我的模特就是我的画笔……我还构思了另外一种作品，那就是让一些少女在一个很大的白色画布上用跳芭蕾的方式作画，就好像在白色

---

[1] 亨利·佩里尔（Henry Périer），《皮埃尔·雷斯塔尼：艺术的炼金术师》（巴黎，1998 年），第 148 页。
[2] 西德拉·斯蒂奇（Sidra Stich），《伊夫·克莱因》，展览目录，科隆路德维希博物馆和杜塞尔多夫的诺德·威斯特法伦艺术博物馆（斯图加特，1990 年），第 175 页。
[3] 伊夫·克莱因（Yves Klein），"真相成为现实，伊夫单色，1960 年"，《克服艺术难题》，第 185 页。
[4] 同上，第 186 页。

垫子上进行的柔道比赛一样"[1]。克莱因对于传统绘画工具——画笔的放弃,竟然以这种方式表达了出来,这实在令人惊讶。与此同时,一些别的艺术家,比如亚特兰大的杰克逊·波洛克(Jackson Pollock)、纽约的罗伯特·劳森伯格以及巴黎的西蒙·汉泰(Simon Hantai)、乔治·马蒂厄等人,也采用了类似的创作方式,将画家的手(作为真实表现的一种方式)和画布(他或者她独一无二的自我发声的地方)相分离。在宗教秘仪和东方技艺的影响下,克莱因的美学探索呈现出非常独特的面貌。当然,值得一提的是,克莱因对成立于日本大阪的"具体美术协会"非常了解,这个美术协会的成员通过利用碎纸、玩具汽车和投掷颜料瓶等方式进行激进的绘画试验。

在克莱因看来,基督教将会在即将出现的"人吃人的时代"扮演着一个关键角色,因此他将具体美学协会的混搭美学做了进一步的发挥。他预言圣餐仪式将会得到实施贯彻,正如《圣经》所说的那样:"食我肉饮我血的,必住在我里面,我也住在他里面。"这种精神上的互食将会启示"和平与光荣的蓝色纪元",在这其中,人们将会与"宇宙的无形感知"和谐相处。[2]

尽管将这一信念变成现实在操作上极其困难,但是这

---

[1] 西德拉·斯蒂奇(Sidra Stich),《伊夫·克莱因》,第171—172页。
[2] 伊夫·克莱因(Yves Klein),"真相成为现实,伊夫单色,1960年",《克服艺术难题》,第189页。

一表述确实为一种新形式的神秘主义乌托邦设想了一个狂野图景。在这一想象中,西方、东方以及各种"原始"符号融会贯通。不过,虽然克莱因表示了否认,但公众之所以对《人体绘画》这一带有情色意味的将女性模特对象化的作品表现出热烈的拥护,确实有很大一部分原因是由于在这一过程中对自己窥淫癖的满足。在他的宣言之中,这些聚集而来的民众应该是在宗教神圣("高位"的基督教价值)和未开化的野蛮("低位"的非西方价值)之间。《人体绘画》这一作品最为无礼的一面是赤身裸体的模特以及毫无存在感的配乐同身着盛装又有着绝对权力的克莱因之间的对比。虽然在先锋艺术中将所谓的"高位"文化同"低位"文化,即将西方文化同非西方文化混合在一起并不鲜见,但艺术家的自我表现都没有将自身视为一个殖民者。不过,克莱因那神秘主义人格并未享有同样的影响力,与此同时,它也并未刺激它的中产阶级观众与之分享相同的问题与关切。

或许是克莱因对于第二次世界大战投掷在广岛的原子弹所带来的恐怖和灾难在某种程度上的认同,所以才使得他对于传统中产阶级价值观和正统绘画模式的冲突显得更加复杂。在他1957年的日记中,以欧洲力量的名义,他写道:"欧洲是真正的纯'肉身',它啜饮了过去的文明之'血',在内在的欣喜中无言。我们将很快变成食人者。"[1]

---

[1] 伊夫·克莱因(Yves Klein),"我1957年日记的某些摘录",《伊夫·克莱因》(巴黎,1969年),第75页。

在另外一处地方,他还挑衅式地询问:"被吞食不比被轰炸更好吗?"[1] 在克莱因的幻想中,力量维持和扩张自身的方式是通过毁灭和"吞并"别的民族的肉身。对于他来说,"在原子弹爆炸之后一片废墟的广岛的阴影"和"希望的证据……对肉身的存活和持久来说,是无形的"这些文字所描写的是一种幽灵的剪影。[2] 就像在他之前的数以百计的艺术家一样,克莱因的灵感被赤裸的人体所激发,与此同时,克莱因还将二战以来的战争创伤记忆融入了人体绘画之中。这位艺术家强烈反对那种将这些展览视为"性爱的、色情景象的,或者不道德的"观点。[3] 然而,在法国重男轻女的文化传统中,对克莱因进行如此批评是一种正当的美学阐述。这也与第二次世界大战期间技术现代主义的动员,以及二战后法国在印度尼西亚和阿尔及利亚的帝国主义行径有关。如果在《人体绘画》的首秀上克莱因并未直接公开他的意图,如果只有相对一小部分人在现场亲历了这一事件、目睹这一景象,那么,这一历史的潜文本将只会在一个貌似无关宏旨的裸体女性身上显现。但是,随着法国各路媒体的争相涌入,他们用各种影像手段对这次集会进行了密集报道,《人体绘画》在先锋艺术界一下子就掀

---

[1] 伊夫·克莱因(Yves Klein),"切尔西酒店宣言",《克服艺术难题》,第196页。
[2] 伊夫·克莱因(Yves Klein),"真相成为现实,伊夫单色,1960年",《克服艺术难题》,第187页。
[3] 伊夫·克莱因(Yves Klein),"星期日",《克服艺术难题》,第270页,第34号。

起了浪潮。

"蓝色时代的《人体绘画》",正如雷斯塔尼所言,为进一步的实验艺术打开了一道门。克莱因继续使用裸体模特,但是他在颜料板上增加了新的色彩,粉色、金色和黑色——不管是单独作画还是集体作画。与此同时,他还使用了不同颜色的画纸,黄色、蓝色和浅灰色。虽然极为罕见,但是也有男性模特在《人体绘画》中出现。[1] 新现实主义协会的成立大会上,克莱因就使用男性模特创作了一幅人体绘画。

1960年10月28日,在新现实主义协会签署声明书之后的第二天,阿尔芒、海恩、雷斯塔尼、丁格利来到了克莱因的住所,他们用自己的身体创作了一幅人体绘画。这五位参与者的人体绘画,在1960年12月举行的第二届先锋艺术节上以"新现实主义者的身体绘画集合"(L'Anthropométrie collective des Nouveaux réalists)的名字展出。克莱因艺术创作的另外一个突破是《宇宙进化》(Cosmogonies)系列,他在摊开的纸上泼上各种新鲜的颜料去象征复杂多变的天气状况,然后克莱因将这些涂抹颜料的画纸贴在他白色雪铁龙的车顶,再开着这辆车在巴黎和尼斯之间往返。这一路的风吹日晒、雨雪冰雹,使得每一幅"画布"都成了一种无法模仿的天气时刻的神圣证明。

---

[1] 西德拉·斯蒂奇(Sidra Stich),《伊夫·克莱因》,第270页,第34号。

克莱因对于印记和踪影之象征力量的兴趣,是同他将人体作为一种表现工具的新发明一起出现的。在将他人的身体"大写"之后,克莱因开始热衷于成为公众舆论的焦点。1960年10月19日至25日,在著名的壮举《跃入虚空》中,他在根蒂尔-伯纳德第三大道的一座楼房中一跃而下……为了获得对于这次事件更完整的描述,我们需要将目光转移到十个月之前。1960年1月12日,在柯莱特·阿连德的公寓二楼,克莱因进行了他的第一次跳跃。当时他还邀请了皮埃尔·雷斯塔尼去见证他的"舞空术"。但是这位批评家因某事耽搁而迟到了,等他到的时候,克莱因已经准备回家了。雷斯塔尼回忆起他刚到那里的情景:"伊夫当时显得极为激动,他似乎陷入了某种神秘迷狂之中。他确实看起来像是刚刚完成了一项惊人壮举。他对我说'适才你错过了在你一生之中最重要的事情'。不过他好像扭伤了脚踝,走起路来有点步履蹒跚。"[1]

由于只有伯纳黛特·阿兰的出席并不足以证明克莱因的功绩,在此刺激之下,克莱因又进行了另外两次已经成为一种传奇的跳跃。克莱因坚持需要有信誉的目击者的原因是,在他看来,体验一生中"最重要事件"的人,是观众,而不是他。为了达到这一目的,在第二次以及第三次

---

[1] 皮埃尔·雷斯塔尼(Pierre Restany)在《伊夫·克莱因,回顾展:1928—1962》的"虚空的征服者"中被引用,托马斯·麦克埃维利(Thomas McEvilley),展览目录,休斯敦莱斯大学艺术学院,纽约,1982年,第64页。

跳跃的时候,他邀请了两位摄影师拍摄了一系列照片。这些照片成了《跃入虚空》曾经存在的唯一真切证据。事实上,雷斯塔尼并不需要亲眼目睹接下来的跳跃行为,因为这些照片已经是克莱因卓越身姿的完美实证了。克莱因选择了其中两幅照片作为这次行为艺术的权威代表。其中一幅街道是完全空的。而另一幅的街上则有一位骑着自行车,并对此事显得毫不关心的行人路过。一个人全身悬浮在半空中,这看起来是似乎不可能发生的景象。对于这一奇观来说,照片中所呈现的背景似乎有一些沉闷。克莱因还专门为第二届先锋艺术节制作了一份报纸《星期日》(*Dimanche*),并将《跃入虚空》的照片放在这份报纸的头版。这份只发行了一天的独一无二的报纸,在排版上同著名的发行量巨大的《星期日报》(*Journal du Dimanche*)和《法兰西晚报》(*France-Soir*)非常相似。1960年12月27日这天,在克莱因的安排下,这份报纸在塞纳河右岸的画廊以及巴黎的一些被筛选过的报刊亭免费发放。在这份报纸头版的右上角,就是克莱因从高处跃入虚空的那幅照片。而这一切,都是克莱因"虚空剧场"日(对自己艺术理论的一次总体阐释)的整体设计的一部分。照片下面的配文显示:"这位单色画家,同时也是一位柔道冠军,黑带四段,在空中漂浮着进行日常训练(无论下面有没有网接,都在冒着生命危险)。"[1]

---

[1] 伊夫·克莱因(Yves Klein),"星期日",第105页。

克莱因的信念在于,如果他想要在空间中作画,那么他的身体也必须漂浮在空间之中。这种对于浮空的迷恋和痴迷是有文字记录的:"在一种入定或者狂喜的状态之中,通过对一些物品的使用,可以让他们的身体提高到距离地面一定高度的地方。"[1] 植根于他的柔道实践和神秘主义信条,克莱因的这些尝试,还与更广阔的历史背影相联系,尤其是美国和苏联在二十世纪五十年代和六十年代早期的太空竞赛。克莱因从苏联人造卫星斯普特尼克号(Sputnik)那里获得了很多启发。但是他采取了与技术相对立的立场,在克莱因看来,"并不是只有通过火箭、卫星或者导弹,现代人才能实现对于太空的征服"[2]。虽然克莱因认为人们征服太空只能通过自己的"人类感知力",但他非常了解宇航员所取得的成就。当尤里·加加林在 1961 年 4 月 12 日完成了人类历史上第一次太空行走,并宣布"地球有着美丽的蓝色"的时候,克莱因陷入了一种狂喜,他将《纽约世界邮报》详细报道加加林这一壮举的头版剪下来,放在他的剪贴簿上。而与这张报纸剪纸紧挨着的,是一张他同三个月前在德国的克雷菲尔德展览过的蓝色地球仪(一个"行星雕塑")的合影。[3] 他不仅将这份报道中加加林从外太空看到地球是蓝色的相关描写用下划线重点标注,还在

---

[1] 西德拉·斯蒂奇(Sidra Stich),《伊夫·克莱因》,第217页。
[2] 伊夫·克莱因(Yves Klein),"真相成为现实,伊夫单色,1960年",《克服艺术难题》,第191页。
[3] 西德拉·斯蒂奇(Sidra Stich),《伊夫·克莱因》,第276页,第51号。

旁边手写上了一段话,将自己视为一种英雄般的主角:"1957 年,克莱因就已经宣称地球是蓝色的。在这种理论的基础上,他用克莱因蓝创造了一个三维地球模型。这个地球仪的奇特之处在于,为了更好地展示地球的悬空,克莱因使它悬浮在支撑轴的外面……四年后,在 1961 年 4 月,宇航员加加林宣布:'地球是深蓝色的。'"[1]

作为对外太空失重状态的模仿,《跃入虚空》显示克莱因始终保持在空中的一个永恒高点。大多数人也会赞同这样一个观点,那就是,从这样一种高度猝然下坠毫无疑问会让人受伤。而当我们把镜头从这张照片转移到当时的实际情况(克莱因一共进行了五次跳跃),我们会发现,克莱因进行跳跃的时候并不是没有采取保护措施,实际上,他的纵身一跃会被在下面早就准备好的一组柔道练习生用帆布接住。对于克莱因来说,通过图像蒙太奇的方式对照片进行剪辑并不是什么大不了的事情。正是这种对于大众市场机制的宣传能力的信任,这张照片才使得克莱因定位在了中产阶级神秘主义上。他对关于这次浮空的技术说明和理性阐释都不感兴趣,而是试图创造一种"空间画家"或者"空中飞人"的神话。[2] 摄影是一项完美的技术:它用视觉经验证明自己的真实性,即以一种完全透明的方式捕

---

[1] 亨利·夏皮罗(Henry Shapiro),"加加林暗示他想乘坐其中一艘新的红色月船",纽约世界电讯,cxxxviii/189(1961 年 4 月 15 日),载于《伊夫·克莱因:美国》(巴黎,2009 年),第 118—119 页。
[2] 伊夫·克莱因(Yves Klein),"星期日",第 106 页。

捉瞬间发生的图景，从而增加了克莱因能够浮空这一可疑说法的可信性。在他所创办的那份独特的报纸中，这位艺术家使用了大众媒体在表达、传播、确证"真实"时所使用的相同的渠道与技术。在这份报纸中，艺术和生活并不相互区分。尽管克莱因通过对现实的改造，将可见的变成了"不可见"，但这并不是一种关键性的去神秘化。相反，他为他个人的神秘人设永远地绘上了新的图层，即他的审美实践和影像技术所产生的作为自然"真理"的神话。

这种经过编辑的图像，同时也是克莱因《火焰之画》必不可少的部分。《火焰之画》系列共包含了一百五十幅作品，这些创作诞生于在德国克雷菲尔德的朗格别墅（Haus Lange）博物馆展览（1961 年 1 月 14 日—26 日）的最后一天，成熟于位于巴黎圣丹尼斯区的法国燃气集团测试中心（一个工业聚集园区，1961 年 7 月 18 日—19 日）。"伊夫·克莱因：单色画和火焰"（*Yves Klein: Monochrome und Feuer*）的开幕之夜，在来自盖尔森基兴的一家专门制造厨具和烤箱的工厂的工程师的技术支持下，这位艺术家在由密斯·凡·德·罗（Mies van der Rohe）设计的朗格别墅的广场上布置了一个火柱和一面火墙。火墙是一个精心布置的长方形支架，在这上面排列着矩形方格，火焰就在这些方格的横轴上燃烧。参加这次展览的代表有克雷菲尔德的市政工程和油气部门的工作人员，以及一些博物馆管理人员。在他的第一次试验中，克莱因使用了一些纸张和复合板来感受火焰的力量。几个月之后,法国燃气集团的一个宣传镜头展示了这样一幅图景:精心打扮的克莱因拿着一个巨大的煤油喷火器对着一个复合板喷,复合板的表面随之变得焦灼起来,在他身边站着的是一位由克莱因的私人朋友全副武装而成的"消防员",这位"消防员"用水管控制火焰的强度,在这一过程中复合板表面开始形成一层一层的色圈。几天之后,克莱因又带来了另外一个创作。这一次他同两个裸体模特一起,重新上演了一出《人体绘画》。不过这次,他使用的是水而不是蓝色颜料。她们把自己湿漉漉的身体,按压在一个复合板的表面,然后克莱因再对着这些水印喷火,将这些灼烧过的痕迹,作为这次事件的记录。

克莱因在《切尔西酒店宣言》(The Chelsea Hotel Manifesto)中谈论到了这项工程,他的用辞很是兴奋:

> 我的目标在于……记录创造当代社会文明火焰的踪迹。同时,这也是由于虚空一直都是我的永恒关注之所在。我坚持认为,虚空之心,也包括人的内心,火焰一直在燃烧……火焰是自我挣扎的本质的诸多真正原则之一,它在人们内心之中疯狂和折磨着,作为我们文明的起源。[1]

---

[1] 伊夫·克莱因(Yves Klein),《切尔西酒店宣言》,第 195—196 页。

事实上，我们几乎不可能只根据复原这些火焰情景的视频或者图像记录，就去完全赞同这些解释。我们现在面对的是一个悖论，这个悖论由其神秘主义演说和代表理性思想、工业制造、科学领域的技术所共同造成。所有这些不可能的同步性，都不能脱离克莱因精挑细选的语境——"剧场"，那就是密斯·凡·德·罗国际主义风格的别墅和法国燃气集团测试中心。如果前者是作为一个美术馆的话（因此对于裸体模特的接受度更高），那么后者则是活跃的研究实验室（在这里并未出现裸体模特）。出于对这些所谓的差异的敏感，克莱因调和了在克雷菲尔德的"科学性"元素以及在法国燃气集团的"感觉性"元素。然而，无论是上述二者的哪一种，克莱因都不是在完全"模仿"或者整体参考另外的方式，他不是在从事一种纯粹的艺术创作活动，也不是在从事一种纯粹的技术工程活动。他也不考虑在社会习俗中这将会被作何期待，他的研究在某种程度上并不属于任何体系。通过夸大了商业特性（阳具崇拜式的煤油灯作为画笔）的可复制图像，克莱因揭示了战后法国中产阶级身份的不稳定性和易变性。尽管存在着仅凭一张照片就可以抓住一个人独一无二的一面的这种期待，但是，他的各种姿态的集合所反映的身份并不是固有的，而是从已有的图景和姿态的纲要中，以不同的设定再生产出来。对于官方来说正确的事情，也许并不适用于休闲娱乐。同样，适合于学术研究机构的，也许并不被美术馆所接受。

1962年，在一系列以"无形感知地带的象征性交易"（*Ritual Transfer of Zones of Immaterial Sensibility*）为名的艺术实践中，克莱因提出了这样一个问题：是否存在一种确保艺术对象的价值和地位的"内在律法"呢？如果一个作品能将《无形感知地带的象征性交易》同之前的作品比如《蓝色纪元》（1957）和《虚空》（1958）相联系，那这个作品一定会是《无形绘画感知地带》（*Zone de sensibilité picturale immatérielle*，1959）。通过对商业运营的揭示，克莱因测试出了美学价值和交换价值的界限之所在。克莱因的这个"地带"，有十种不同的价位，从20克黄金到1280克黄金不等。同时，这些作品都是经过画廊官方印章"公证的"。在这个"交易仪式"中，克莱因通过一种极为夸张的象征性行为，将他的美学价值体系同杜尚的战前体系区别开来。这个经过公证的证书只是作为占据这一无形空间的第一步，克莱因的规定是，如果你想要完全成为这一空间的拥有者，那么，你就必须当着他以及另外三位见证者的面，将购买收据烧毁。同时，克莱因也会将你购买时所支付的黄金投入附近的河水中。[1]

这种"象征性交易"在1962年一共发生过三次，每一次都有照片作为记录。根据艺术史学家丹尼斯·里奥的说法，克莱因给买家提供了两个选项："要么他保留'收据'，

---

[1] 伊夫·克莱因（Yves Klein），"放弃非物质图案敏感区的仪式"，《克服艺术难题》，第182页。

但是他因此无法最终拥有'这个作品的真正无形价值'。要么他完整地按照'游戏'的流程走,将自己同实体交易和占有相剥离。"[1] 但是,关于丹尼斯·里奥的这一说法,似乎还存在着第三种可能。那是一个存在于无形经验和具体踪迹之间的,直接与所有权相对立的选项。如果一个买家留下了记录这一事件的照片,那么,他就不能称为这一作品的拥有者。对于这一交易来说,这样的照片似乎被称为一种公众圣约。克莱因对于这一"仪式"的文献记录的聚焦,显示出他对中产阶级身份运作机制的理解。克莱因所把握到的,确实超越了大多数人的理解:在艺术消费中的参与者所得到的刺激,并不仅仅来自对艺术品的占有或失去。事实上,拍摄下来的照片所揭示的是,"买家"的存在在这个交易过程中不仅是一种决定性的因素,也是一种美学敏感度的权威认证。正如克莱因将他的多重人格建立在诸多图像的凝聚之上,他也认识到,他所要面对的公众也是要呈现在镜头之前的。不管这个镜头是真实的,还是想象的。

如果我们能将克莱因对于大众机制的信念纳入考量,那么他那试图将一种特定的作品变得接近于不可见的行为就更加显得有趣了。《献给卡夏的圣丽塔的圣骨匣》是一个奢华的"圣骨匣",这位艺术家将他毕生献身的事业的守护

---

[1] 丹尼斯·里奥(Denys Riout),《伊夫·克莱因:体现无形》(巴黎,2004年),第 102 页。

神供奉在其中。在此之前,克莱因曾到意大利卡夏的修道院进行过两次朝圣之旅。第一次是在1958年,也就是在伊利斯·克莱尔画廊的"虚空"开展之前。第二次是1959年,他同姨妈罗斯一起,专程去感谢卡夏修道院的圣徒对于盖尔森基兴音乐剧院工程的护佑。而他的第三次朝圣之旅,是在1961年2月克雷菲尔德的展览结束之前,克莱因虔诚地将一个没有署名的还愿物递交给修道院门口的修女。很久以来,这件事都不为世人所知。直到1979年,在一次地震中,由于修道院建筑物大面积损毁而不得不进行全方位的修缮,它的面目才得以展示给世人。当时的情形是这样的,为了重塑彩色玻璃窗,一位名叫阿曼多·马罗科(Armando Marocco)的当地画家向修女索要装饰用的金叶。于是,修女们将克莱因的圣骨匣从地窖中带了出来。当意识到这是克莱因的"作品"后,马罗科联系了米兰的艺术品商人圭多·勒·诺西,而他则联系到了皮埃尔·雷斯塔尼。最终,在1980年6月18日,这部"作品"被验明正身,并在2006年第一次展出。

这个并不太大的人工盒子,大约14厘米宽、21厘米长、3.2厘米高,自上而下共分为三层。最上面这层共分三格,从左至右分别装有红色颜料(单色粉红)、克莱因蓝(IKB)颜料、纯金。最下面填充着蓝色颜料的这一层,安放着两竖一横三块矩形金条。这些金条,是他从《无形感知地带的象征性交易》(*Zones of Immaterial Pictorial*

Sensibility）的第一次展出时的四次交易中得来的。中间这一层，是一张手写的字条，里面的内容是给圣丽塔的祈祷词[1]，还有一个用克莱因标志性颜色所撰写的"三位一体"的签名。克莱因感谢了彼时这位圣徒为他所做的一切，恳求她在耶稣和圣母面前能为他说话，使他们能够附着在自己的作品上，保佑自己的作品"永远并且越来越美"，同时也保佑他能够"在艺术中发现更多创新和美丽的事物"，即便自己不是一个称职的"创造和发现神圣之美的工具"。克莱因还向圣徒请愿，希望圣徒能保护自己的作品和理念，让"那些敌人变成自己的朋友"，或者，至少"让他和他的作品始终保持坚不可摧"。[2]

一般而言，圣骨匣里面都会保留圣徒的一些遗物（比如头发，身体的一部分，或者衣物的一部分），但是克莱因的圣骨匣里面只有他的艺术材料和概念。并不像克莱因在精神方面的其他展示，他并没有用现代技术记录并且宣传他的圣骨匣的存在。这和克莱因构思艺术对象和事件时的标准流程有着非常明显的偏差。因为一般情况下，克莱因都会游走在现实和图像界限的边缘。关于克莱因的神秘主义知识，以及在严格的天主教教义框架下的这个圣骨匣的颜色搭配（蓝色、粉色、金色），已经存在了太多的解释和

---

[1] 克莱因信件的完整内容载在《伊夫·克莱因》中，展览目录，蓬皮杜中心，巴黎（1983年），第245—246页。
[2] 同上。

阐发。[1] 也有许多将他的宗教和艺术词汇相联系的有益尝试，认为克莱因在"无形"方面的兴趣正是他在这两个领域之间对概念的联结。[2] 另外一种观点将"圣餐变体论"纳入讨论范围，并认为这在宗教信念和审美经验之中扮演着一个关键角色，因为它既揭示了观众的信仰，也揭示了这种现象本身。[3] 我们或许还能增加一些思考：在战后法国经济繁荣发展的三十年间，这个圣骨匣是如何同他精心雕饰的中产阶级神秘主义人格相互动的呢？在克莱因对于原材料的选择上，即大量的颜料和金锭，他把握住了物品量与质之间的差异。这其中的两种主要颜料，即克莱因蓝和纯粉，都是可以在工业化流程中大批量生产，并且可以保证其高品质的工业产品。但是克莱因通过为它们增加一些别样的联结，浮夸地吹嘘它们所具有的情绪感染力，机智地将它们变得"特殊"或者"独占"。在另一方面，黄金所具有的内在的纯度，使得它成为一种很受欢迎的作为繁荣和财富象征的商品。后来他对《无形地带》的买家所提出的只有将金锭扔进河里才能真正拥有这件作品的要求，非常明确地证明了这一点。不过，通过用黄金来购买无形

---

1 阿兰·布瓦西恩（Alain Buisine），"蓝色，金色，粉红色：图标的颜色"，载于《伊夫·克莱因：无形万岁》（尼斯，2000年），第17—34页。
2 卡米尔·莫里诺（Camille Morineau），"蓝色，金色和粉红色：升华后的韵律如何"，《伊夫·克莱因：身体，颜色，无形》，展览目录，蓬皮杜中心，巴黎（2006年），第156—163页。
3 丹尼斯·里奥（Denys Riout），《伊夫·克莱因：体现无形》。

艺术体验，以使得黄金无形化的这种行为，也可以被认为是克莱因大张旗鼓地对符号等级秩序的颠倒。毕竟，在这种行为的渲染中，艺术是比硬通货更加令人神往的。

自十九世纪以来，黄金已经成为可以用来担保一个国家独立地位的普遍流通的货币。第二次世界大战之后，在布雷顿森林体系下，许多国家将自己的货币同美元相绑定，这让美元取得了等同于黄金的地位。然而，对于法兰西第五共和国总统夏尔·戴高乐来说，避免法郎的美元化是摆脱美国力量控制的重要途径。[1] 尽管克莱因并不是一个经济学家，也不是国际新闻的热心观众，但他深知价值波动的意义以及为价值明确定位的难度。克莱因存放这个圣骨匣的小心谨慎揭示了他在美学和经济体系之间的困惑，已经被完全融入了那种使艺术和生活结合为一个整体的实践的方方面面。圣骨匣中的量（大量的颜料），如今变成了一种物质的纯净；圣骨匣中的质（黄金），如今则变成了一种普遍的等价物。克莱因的圣骨匣在时间中实现了最终的完成。

罗兰·巴特关于欲望本质的叙述非常适合我们："为了拓展自己，为了激励自己，一个人会将自己投身于无法理解的纯粹宗教。为了将我们的生命所依赖的他者视为一种

---

[1] 索菲·克拉斯（Sophie Cras），"从作品的价值到市场价格：伊夫·克莱因接受了经济思想的考验"，载于《Marges：当代艺术评论》，11（2010年11月）。

难解之谜,人们将他者视为一种神话。"[1] 或许这一切都不准确,克莱因圣物匣的悖论所意味着的是,中产阶级的欲望可以将一个人变成任何形式的实体和体系,不管是真实的,还是想象的,物质的,还是非物质的。与此同时,这种欲望还将自身变成一种神秘体验。

---

[1] 罗兰·巴特(Roland Barthes),"未知",《恋人絮语:断片》,理查德·霍华德(Richard Howard)译(纽约,1978年),第135页。

9 诗人政治家:"蓝色革命",1958—1961

> 智慧、哲学、经验、科学、权力等,都是一种对于谬误的累积,因为这只代表由于错误的前提而不得不进行的无休止的努力。它们只会把我们带到非常遥远的地方,却一无所获!!!……热情是进行真正和直接调研的唯一方法;热情总是指向一个目标,便是创造……[1]

尽管克莱因经历了法国在第二次世界大战时期的动荡岁月,以及法国在印度支那和阿尔及利亚去殖民化的阵痛,却很难在他的生活和工作中找到他介入政治的痕迹。"介入"是让-保罗·萨特和他的圈子的口号,不过,或许这种说法不太适用于许多与克莱因同时代的人。这些艺术家的实践确实带有他们那个时代

---

[1] 伊夫·克莱因(Yves Klein),"一些(错误的)基础,原理等,与对进化论的谴责",《克服艺术难题:伊夫·克莱因的著作》,克劳斯·奥特曼(Klaus Ottmann)译(康涅狄格州帕特南,2007年),第5—8页。

的烙印，但这并不代表他们活在巴黎画派的流行话语或存在主义之中。在克莱因少有的明确提及当代事件的例子中，他那零散的政治思考似乎总是以看似不可能或十分古怪的主张来呈现。或者，如果从一个务实的角度来考虑的话，克莱因的政治思考总是在寻求一个清晰并带有极强目的性的行为准则，并去实现一个精确的、具备可操作性的政治目标。

1967年，克莱因去世五年后，在美国的犹太博物馆（the Jewish Museum）的一次克莱因的个展上，美国艺术评论家多尔·阿什顿（Dore Ashton）发表了一篇深度评论，在他看来：

> 克莱因是一个反动分子，许多年轻的知识分子在战后的十年里都是反动分子；他们反对由存在主义所总结的关于承诺的战时潮流……当许多年长的法国知识分子因恐惧而疯狂的时候，伴随着视觉艺术"革命"的狂热散文是超凡的，这种散文把自己局限于对遥远未来的新宇宙论、新心灵论、新无限超越、新的手足情谊，在那里"其他"艺术将其征服……在一系列夸张的散文宣传的掩护下，一批年轻的艺术家走进了演艺界，为他们饥渴的资产阶级赞助人带来了"现实"。[1]

---

[1] 多尔·阿什顿（Dore Ashton），"作为奇观的艺术"，《艺术杂志》（1967年3月），第44页。

在"蓝色革命"的旗帜下,克莱因使用了一些古怪的词汇来言说世界与个人之间的关系,比如"义务"和"热情",这两个词在作为专有名词从政治撤离的同时,也激发了他思考的不同方向。把克莱因称为"政治家",就是要重新定义在战后法国重建时期政治与美学是如何交叉,以及美学是如何政治化的。这同时也意味着去想象一种政治和艺术的新领域的可能性。而这一点,我们可以从克莱因鲜为人知的一面——诗人政治家看出来。

克莱因的"政治"兴趣在于,当"个人"以及"个人"的动力开始同"现实"的基础纠缠在一起的时候,以一些出人意料的方式使再现成为一种可经验的体系。这种范式转变的核心是克莱因对"定性"的强调,它与个人的情感或感官内核相交叉,培养了一个超越民族国家认同模式的集体共同体。克莱因的大部分"政治"声明都是针对不同政治体制下集体与个人身份之间的紧张关系。具体地说,他认为自己的"蓝色革命"是专为法国、美国和古巴定制的,而以我们当下的眼光来看,则是面向后民族国家时代的艺术大众的。正如他的朋友让·丁格利回忆说:"(克莱因)不喜欢集体主义,他喜欢强大的个人,喜欢矛盾。他无法成为政治人物,因为这对他来说不够诗意。"[1] 尽管丁

---

[1] 让·丁格利(Jean Tinguely),"你是个好同志",出自《伊夫·克莱因》,展览目录,巴黎蓬皮杜中心(1983年),第 254 页。

格利对克莱因的评价已经非常直截了当了，但克莱因对美学"合作"的支持表明，他与集体主义的关系并不是如此明确。他的那种对于塑造一种诗人政治家的自相矛盾人格的兴趣，以及他对将语言作为主要工具的依赖，意味着他的主张是为权力服务的，这些主张只有在发出声音的那一刻才有意义。

在克莱因《克服艺术难题》（*Overcoming the Problematic of Art*，1959年）的未发表的一个小节《蓝色革命的技术宣言》（*Sketch for a Technical Manifesto of the Blue Revolution*）中，克莱因将"蓝色革命"定义为"从个人'责任'的意义上去努力改变人们的思维和行为方式。在'质'的意义上，相对于集体国家。同样是在'质'的意义上，也相对于众多国家所组成的集体。"虽然这个简短的声明相当模糊，但显示了克莱因试图制定一个归属（"责任"）模式，在这个模式中，"质"将是社会等级链条中的每一个等级的动力，从个人到国家，再到联合国。为了确保他对词语的特殊用法清晰易读，他加了一个小的注释："责任＝富有责任感的有想象力的行动。"[1]

对克莱因来说，这种结构变革将会：

---

[1] 伊夫·克莱因（Yves Klein），"蓝色革命的技术宣言"，《超越艺术和其他著作的问题》，玛丽-安妮·西歇尔（Marie-Anne Sichère）和迪迪埃·塞米（Didier Semin）编（巴黎，2003年），第98页。

给世界一个1789年法国大革命那样的秩序和庄严榜样。那场革命给人们灌输的"自由-平等-博爱"这一普遍理想在过去是必须的,对现在也依然同等重要。在这三种美德,以及个人和个体权利之上,必须增加一项新的法律,即在民主的意义上的"质"。[1]

这篇手稿最初有一个附加段落,它将"质"的综合体与"热情"的感觉联系起来。尽管它最终被删去,但在之前的段落中克莱因还是表示出类似的意思:"如果我能掌握权力,我会呼吁一种斯达汉诺夫运动(Stakhanovism)式的热情,以促进每一个个体在他们的领域内都能产出高质量的产品。"[2]

与克莱因的大部分文本一样,这篇文章同样充满了令人心生挫败感的问号和盲点。一方面,他主张为集体的建设建立一个尊重《人权宣言》的"质"的基础。在这个主张里,个人的内在力量,他或她的想象力和创造力,成了民主公民责任和行动的动力。另一方面,克莱因的语言唤起了斯大林五年计划中改进版的泰勒主义,毕竟,他直接提及了国家计划的增产承诺(即1935年至1940年的斯达汉诺夫运动)。克莱因在草稿的结尾说:"显然,爱国主义必须成为全世界的爱国主义,就好像已有的对艺术的爱国

---

[1] 伊夫·克莱因(Yves Klein),"蓝色革命的技术宣言",《超越艺术和其他著作的问题》,玛丽-安妮·西歇尔(Marie-Anne Sichère)和迪迪埃·塞米(Didier Semin)编(巴黎,2003年),第98页。
[2] 同上,第352页,第16号。

主义一样。"[1] 在这几段文字中,克莱因提出了一个在许多方面都已被实现的漫无边际的宇宙。他发现,艺术实践正从对独立艺术对象(绘画和雕塑)的沉思,转向对观众自身感官经济产生的更大的兴趣。当然,促成这些转变的并不是他一个人。还有艾伦·卡普罗(Allan Kaprow),他同时也在试图为美国的"事件"定义出一个多学科模型。不过,克莱因参与这些构建所使用的语言是独一无二的。他所说的"热情"与现代主义艺术对象的非物质化以及作为审美焦点的"参与者"的出现产生了共鸣。虽然克莱因并没有完全准备好抛弃艺术品,但他正在走向一种实践,即用物体来激发观众对自己现象学力场的认识。他所设想的是这样一个世界,在这个世界里,对艺术的忠诚(或"爱国主义")将形成一个志同道合的个人群体。克莱因也意识到,被他描述为社会联系的"质"的热情,很容易在不同的意识形态下成为一种可利用的商品。在他的文章中,人们听到了冷战背景下的两层相互交织的论述。资本主义经济体和共产主义经济体在对待个体劳动的方式上是不同的。一种肯定个人的创造力是社会平等的基本组成部分,另一种则是通过个人的创造力来促进集体利益。

克莱因的陈述,以其最具思辨性和令人振奋的结论,

---

[1] 伊夫·克莱因(Yves Klein),"蓝色革命的技术宣言",《超越艺术和其他著作的问题》,玛丽-安妮·西歇尔(Marie-Anne Sichère)和迪迪埃·塞米(Didier Semin)编(巴黎,2003年),第98页。

指出了一个后国家时代的视野,即"艺术的爱国者"的自由流通,是不受国家和意识形态界限影响的。克莱因写给艾森豪威尔(Dwight Eisenhower)和菲德尔·卡斯特罗(Fidel Castro)的信很有启发性。1958年5月19日和20日,克莱因给时任美国总统艾森豪威尔写了两封相同的信,第一封是法文,第二封是英文,并注明说这封信是"严格保密的/绝密的"。[1] 在这两封信中,克莱因称自己是总部位于伊利斯·克莱尔画廊的"蓝色革命"组织的领导人。

> 在悲痛的事件正在法国造成严重破坏之际,我的组织命令我向你们转达以下建议:在法国建立一个部长委员会(暂定任期三年,完全从我们运动的领导人中选出)。这个委员会将是一个具备强制性的国际组织,参照联合国的模式,由联合国所承认的每一个主权国家所派遣的一名代表组成。由此,法国国民议会也将被我们的这个特殊联合国所取代。但与此同时,我们也将完全服从目前位于纽约的联合国的权威。我们认为这个方案有可能解决我们国内政治的矛盾……[2]

克莱因在这篇文章的结尾逐字摘录了《蓝色革命的技术宣言》的部分内容。他呼吁全世界一定要认识到法国大

---

[1] 伊夫·克莱因(Yves Klein),"蓝色革命,给艾森豪威尔的信,1958年5月20号",《克服艺术难题》,第25页。
[2] 同上,第25—26页。

革命的伟大,以及自由、平等和博爱这三大人道主义准则的意义,并坚持呼吁在新的普遍理想中增加"责任"的重要性。[1]

艺术史学家迪迪埃·塞米(Didier Semin)和玛丽-安妮·西歇尔(Marie-Anne Sichère)注意到,自二十世纪五十年代中期以来,各种艺术家,包括反核运动的联合创始人恩里克·巴耶(Enrico Baj)以及从COBRA[2]的分裂中脱颖而出的、对国际情境主义的建立起着至关重要作用的意象主义包豪斯国际运动,都在回应着艾森豪威尔关于学术和科学研究的自由问题的国际调查。[3] 这项调查是在战争与和平研究中心的主持下开展的,该中心于1951年在哥伦比亚大学成立,旨在促进人们对"战争给人类精神、智力和物质进步所造成的灾难性后果"的理解。[4] 克莱因的这封信,虽然肯定同艾森豪威尔的声明产生了共鸣,但更准确地说,他仍处于当时法国政治形势的框架之内。1958年4月,第四共和国解体,戴高乐将军复出,第五共和国成立,法国政府权力格局发生重大变化。法国对阿尔及利亚民族解放战争的失败,为戴高乐的复出奠定了基础。这位法国

---

[1] 伊夫·克莱因(Yves Klein),"蓝色革命,给艾森豪威尔的信,1958年5月20号",《克服艺术难题》,第26页。
[2] 1948年11月8日,为了摆脱现有艺术运动的限制,寻求新的表达方式,由六位艺术家在巴黎成立的一个新的艺术组织。——编者注
[3] 玛丽-安妮·西歇尔(Marie-Anne Sichère)和迪迪埃·塞米(Didier Semin)编,《超越艺术和其他著作的问题》,第337页,第1号。
[4] 德怀特·艾森豪威尔(Dwight D. Eisenhower),引自阿诺德·萨尔兹曼战争与和平研究所的网站,www.siwps.org,访问时间为2013年6月24日。

抵抗运动的英雄领袖在退休十年后，制定了一部新宪法。根据这部宪法，法国议会的权力被巧妙地转移到了政府。最引人注目的是，根据第五共和国宪法，总统的任期可以长达七年，与此同时，他的内阁也被授予了特别权力。与将权力集中在总统手中不同，克莱因的"政党"提出了一种新的治理结构，其基础是个人创造性的"责任"的概念和一个由国际代表组成的机构。当然，克莱因将是这个政党名义上的"领袖"，但他的政治视野远远地超越了国界，他将个体的公民责任和参与定位在全球的范围内。与此同时，如果戴高乐是想通过坚持法国的独立地位，尤其是在处理同美国和苏联的关系上，来让法国重新伟大的话，克莱因设想的则是一个塑造法国地位的更广阔的国际格局。

大约在1959年，克莱因写信给另一位领导人，古巴革命家卡斯特罗。尽管并不知道这封信有没有寄出，更不知道寄出之后是否被收到。在这封信的草稿中，克莱因向卡斯特罗表示了祝贺，并对社会主义国家开展艺术实践的模式设想表示出极大的兴趣：

> 对你们的事业我们怀着极大的热情去观察，但是，很不幸，我们只能在外部远远地观望。你们勇敢、大胆、坦诚的革命事业取得了成功，集体生活更加美好，腐败也尽最大可能地被消除。
>
> 带着我们对你们圆满成功的所有祝愿，我们赠送您……

我们工作的成果,我想你会感兴趣的。

这与我们充满活力的艺术家、建筑师以及各类研究人员的想法有关。我们正在寻找解决如何在集体主义中合作的办法。[1]

对"合作者"角色的扮演,是克莱因参与盖尔森基兴音乐剧院国际艺术团队的基础,也是他与让·丁格利亲密合作的基础(尽管有时也会争吵)。但在这里,以诗人政治家的名义,与其说克莱因将他的艺术活动同欧洲最近的过去,即第二次世界大战联系在一起,不如说是同古巴对于集体生活的彻底重塑联系在了一起。正是克莱因在盖尔森基兴建筑项目中的深度参与,他才能完成自己的艺术整合,并最终推动他进行政治思考,无论这些思考可能多么次要。

差不多是在同一时间,克莱因还提出了自己的"进化体系",一个带注释的图式,详细说明了在政治上所取得的思考。与此同时,这也是他多元艺术版图的最后一块拼图。[2] 它看起来像这样:

1. 创作
2. 柔道

---

[1] 伊夫·克莱因(Yves Klein),"给菲德尔·卡斯特罗的信",《超越艺术和其他著作的问题》,玛丽-安妮·西歇尔(Marie-Anne Sichère)和迪迪埃·塞米(Didier Semin)编,第338页。
[2] 伊夫·克莱因(Yves Klein),"我的进化系统",《克服艺术难题》,第67页。

3. 音乐

4. 绘画

5. 雕塑

6. 建筑

7. 政治

在克莱因的这个世界体系中，政治是艺术进化的终极阶段。"感知的中心地位"在克莱因的"合作者"形象中起到了重要的作用，同时也对克莱因的诗学政治身份有着重要意义。他把情感的感知中心想象成一个教育机构，它将培养出作为一个人的"个人责任"的"质"的种子，这些种子充满了创造力和想象力。[1] 克莱因所看重的是"艺术、宗教和科学问题的内在衰退"，而不是仅仅关注他们的外部因素和成就，这个中心将专注于"在这个世界上永远不会出问题的人类的存在"。[2] 这个乌托邦图景基于克莱因的如下信念，即个人的无与伦比的想象力可以成为一个更加美好的世界的基础。"这个设想是可以实现的，是可行的，"他写道，"它可以在感性学院里存活，感性将会成为它的核放射。"[3] 为了以身作则实现这一愿景，克莱因规定，感性学院里的所有教师都必须通过彼此之间，以及同学生之间

---

[1] 伊夫·克莱因（Yves Klein），"建立感性中心"，《克服艺术难题》，第68页。
[2] 同上。
[3] 同上。

的相互合作，来建设这个学院。在克莱因看来，艺术教育可以成为打造政治共同体的一种手段，而"感性"是其主要的通用教学法。毫无疑问，克莱因的这一主张是有先见之明的。

作为一个诗人政治家，克莱因试图培养每个独立个体的情感、创造力、想象力和协作能力，以求在社会政治舞台上带来切实的成果。他相信，通过利用个人的"质"的力量，将有可能纠正基于"量"的越来越堕落的集体现实。在克莱因的艺术实践中塑造人格，更具体地说，他的这样一种艺术干预，还能有助于另外两封写于1958年的信。如果不将这两封信同克莱因的艺术实践相联系的话，这两封信听起来就会让人觉得十分可笑，至少，会让人感到讽刺。首先是他给联合国国际地球物理年秘书长写的这样一封信。[1]

> 尊敬的秘书长：
>
> 在联合国国际地球物理年的几次峰会中，我发现了一个不同咸水海域命名的错误：红海、白海、黑海或黄海。但从来没有海域被人称为"蓝海"，我打算让你从我在处理蓝色事务上的能力中获益，我将提供一种完美的纯蓝色。作为回报，我需要得到一笔付款，我要求联合国国际地球物理年全权负责这次支付行为。

---

[1] 伊夫·克莱因（Yves Klein），"蓝海，致国际地球物理年秘书长的信"，《克服艺术难题》，第27页。

　　　　　　　　　　　　　　　　　致敬

　　　　　　　　　　　　　　　　伊夫·克莱因

另，对鲑鱼没有危险

抄送：

克鲁泡特金先生，苏维埃科学学院（Kropotkine, Academy of Sciences of the USSR）

国家地理研究所（National Geographic Institute）

库斯托司令（Commander Cousteau）

保罗·E. 维克托先生（Mr. Paul E. Victor）

皮卡尔教授（Professor Picard）

阿兰·帮巴尔先生（Mr. Alain Bombard）

罗伯特·J. 戈代先生（Mr. Robert J. Godet）

海军上将、参谋长诺利（Admiral Norry, Chief of Staff of the Navy）

海军上将福斯托德（Admiral Furstord of the Sea）

美国第六舰队司令（贝鲁特港附近）（Admiral Commander of the 6th U. S. Fleet）(off Beirut)

《地理杂志》（Geographical Magazine）[1]

　　克莱因的第二封信是写给国际原子弹爆炸探测会议主席的，克莱因声称，"艺术家的良知"使他有义务对"原子

---

[1] 伊夫·克莱因（Yves Klein），"蓝海，致国际地球物理年秘书长的信"，《克服艺术难题》，第27页。

和热核爆炸"这个话题进行考量。[1] 他写道：

> 这个提议很简单：把原子弹和氢弹涂成蓝色，这样一来，它们最终的爆炸将不仅会被那些致力于掩饰这种爆炸存在的人，或者……那些仅仅是为了纯粹的政治目的而披露它的人所知晓，并且还会被对于最为关心此事的人们所知晓，我的意思是说，让与我同时代的所有人都知晓。只要告诉我原子弹和氢弹的位置和数量就足够了，这样您就可以安排付款。不过，无论在什么情况下，这些费用都必须包括：
>
> A）颜料成本
>
> B）本人适当的艺术加工费用（我将承担为未来所有核爆炸都染上蓝色的重担）。很明显，作为一种不光彩的放射性物质，我们会将钴蓝排除在外，而只使用克莱因蓝。如你所知，正是因为克莱因蓝我才成了一个名人。尽管我仍在忙于当前的工作，尤其是盖尔森基兴音乐剧院的设计施工，但我的主张中的人道主义方面似乎值得优先考虑。不过，不要以为我是那些让艺术从属于物质的人。恰恰相反，物质的衰变将会给我们带来最卓越的单色认知……

---

[1] 伊夫·克莱因（Yves Klein），"蓝色爆炸，致国际原子弹爆炸探测会议的信"《克服艺术难题》，第28页。

抄送：

教皇庇护十二世阁下（His Holiness Pope Pius XII）

人权联盟主席

国际和平委员会主任

联合国秘书长

教科文组织秘书长

国际柔道联合会主席

《基督教科学箴言报》主编

伯特兰·罗素先生（Mr. Bertrand Russell）

阿尔贝特·施韦泽博士（Dr. Albert Schweitzer）[1]

在这两封信中，克莱因将"他的"色彩品牌"国际克莱因蓝"同最广泛意义上的"人道主义"主张联系起来。在第一部分中，他提出了共享资源（水体）的问题，在第二部分，他处理了人类所面临的最可怕的威胁（核爆炸导致的灭绝）。我们在处理克莱因文字中那崇高的、有时甚至是滑稽的基调的时候，不应偏离以下主要观点：他将色彩的"感性"领域设定为政治问题和美学实践相交叉的场所。色彩作为一个共享的情感领域，成了一个超越民族身份政治，容纳一切人性的"公共空间"的基础。

克莱因生前并未大肆宣扬他的这一身份，但他作为诗

---

[1] 伊夫·克莱因（Yves Klein），"蓝色爆炸，致国际原子弹爆炸探测会议的信"《克服艺术难题》，第28页。

人政治家的形象在"蓝色革命"中体现得淋漓尽致。这个看似纷杂的计划的关键,是一个将艺术和政治都非物质化为同一个理性领域的愿望。当然,在克莱因的布尔乔亚世界中,没有什么东西是没有私利的。就像任何精明的商人一样,他希望自己的人道主义贡献得到承认和金钱上的回报。

10 飞翔的法西斯主义者，1961

> 我大声疾呼，"刻奇，粗鄙，恶趣味"，这是艺术中的一个新概念。而当我们聚焦在这一点上，让我们一起忘记艺术吧。在不忠诚的触碰之中，一些"真正的恶趣味"，一些"扭曲的，并且有意为之的非自然的"伟大的美才是真实的。[1]

1960年春，伊夫·克莱因更换了东家，在与伊利斯·克莱尔画廊解约之后，他与拉卡德右岸画廊（Galerie Rive Droite）签约了。克莱尔画廊是一个位于塞纳河左岸的靠近巴黎艺术学院的小型实验性质画廊，而右岸画廊则是毗邻协和广场的知名美术馆。克莱因的这次搬迁，意味着他已经完全成了一个超级明星。在法国、德国和意大利，克莱因作为一颗冉冉升起的新星

---

[1] 伊夫·克莱因（Yves Klein），"真相成为现实"，《克服艺术难题：伊夫·克莱因的著作》，克劳斯·奥特曼（Klaus Ottmann）译（康涅狄格州帕特南，2007年），第189—190页。

声名鹊起。但克莱因并不满足于此,他还希望能够得到美国艺术界的认可。右岸画廊的所有者让·拉卡德(Jean Larcade)以及美术馆经理乔治·玛西(Georges Marci),同美国艺术圈有着很深的渊源。在他们的牵线搭桥下,1961年4月11日至29日,克莱因在纽约的利奥·卡斯蒂里画廊(Leo Castelli Gallery)举办了自己在美国的首次个展——"单色伊夫·克莱因"(*Yves Klein le monochrome*)。在利奥·卡斯蒂里画廊举办展览确实是一个妙计,毕竟,这里刚刚为艺术家罗伯特·劳森伯格(Robert Rauschenberg)、贾斯培·琼斯(Jasper Johns)和弗兰克·斯特拉(Frank Stella)展出过他们的最新作品。

但是,让克莱因未曾想到的是,当1961年3月19日他和罗特劳特一起乘坐蒸汽轮船从勒阿弗尔出发并花了七天横渡大西洋后,迎接他们的却是一股来势汹汹的敌意。当然,克莱因的美国之行所收获的并非全都是负面评价:1961年5月29日至6月24日,在洛杉矶的德万画廊(Dwan Gallery),克莱因得到了许多好评;在美国的西海岸,克莱因也受到了热烈欢迎,比如费鲁斯画廊(Ferus Gallery)的联合创始人爱德华·凯恩霍兹(Edward Kienholz)和瓦尔特·霍普斯(Walter Hopps),安迪·沃霍尔的主要藏家欧文·布鲁姆(Irving Blum),艺术家德·莫斯(Ed Moses)和比利·班斯顿(Billy Bengston)。然而,1961年4月到5月,在纽约,这样一座新崛起的当代艺术之都和艺术批评中心，克莱因同美国先锋派的邂逅却是冷漠并且充满敌意的。回到法国之后，克莱因依然对此耿耿于怀。在这个当代艺术的批评中心，克莱因被形容为一种"乡野鄙夫"和"冒牌艺术家"，他的艺术被认为是对于当时普遍流行的术语"刻奇"的滥用。"冒牌艺术家"是一种对在迅猛发展的大众文化的高位和低位之间游荡的艺术家形象的独特形容。

虽然克莱因在利奥·卡斯蒂里画廊的个展对于他的事业来说是一次里程碑式的事件。但是，在具体的布展过程中，克莱因同策展人之间还是发生了很多的分歧和争执。据克莱因的最坚定支持者皮埃尔·雷斯塔尼以及罗特劳特所说，这次来美国克莱因还带了许多别的作品，但卡斯蒂里坚持只展出克莱因的单色画，包含六幅竖幅蓝色单色画（195厘米×140厘米）和一幅横幅蓝色单色画（195厘米×20厘米）。雷斯塔尼将这次展览称为"一种有毒的礼物"，在他看来，"克莱因早已超越五六年前的单色画时期，但卡斯蒂里却只展览克莱因那一时期的作品……当一个有权势的商人将自己的观点强加到一个艺术家身上的时候，我们可以非常明显地看到这将会给艺术家造成怎样的伤害"[1]。罗特劳特同样回忆起了这场只展出克莱因单色画的展览，即便当时克莱因还从法国带来了《空间躺于此处》

---

1 皮埃尔·雷斯塔尼（Pierre Restany）在题为"伊夫·克莱因的蓝色地毯"的文章中被引用，路易莎·弗林（Luisa F. Flynn），《艺术世界》第七版/3（1982年12月）。

(*Ci-Gît l'Espace*)、《蓝色方尖碑》、《火焰之画》系列、单金和单粉面板、《蓝雨》以及一些泡沫作品。[1] 不过，这里还有一个经常被人遗忘的细节，那就是在从纽约写给时任克雷菲尔德的朗格别墅博物馆经理的保罗·文贝尔（Paul Wember）博士的一封信中，克莱因提到了在利奥·卡斯蒂里画廊的展览中，他放置了一个电影放映屏幕，播放了克莱因不久之前在德国的展览的录影。[2]

与此同时，在卡斯蒂里的这次展览过程中，克莱因还遇到了一些来自其他艺术家的抵制。比如，由于克莱因的到来而感受到威胁的艺术家罗伯特·劳森伯格，他试图通过给卡斯蒂里下最后通牒的方式，"蓄意破坏"克莱因的展览："如果任何一个法国艺术家的作品在这里被售出了，那么我和贾斯培·琼斯都将离开这家画廊。"[3] 当然，这只是他的抵制计划的第一步，第二步则是在他的工作室以"温暖"和"热情"的方式招待克莱因，并将克莱因引荐给琼斯。[4] 对于这一恶毒计划，卡斯蒂里的回应是，他并不参与任何"蓄意破坏"行为，也并没有改变展品的最终选择，

---

[1] 2005年10月25日在纽约接受罗特劳特·克莱因-莫奎（Rotraut Klein-Moquay）的个人采访。
[2] 《伊夫·克莱因：美国》（巴黎，2009年），第198页。
[3] 西德拉·斯蒂奇（Sidra Stich），《伊夫·克莱因》，展览目录，科隆路德维希博物馆和杜塞尔多夫的诺德·威斯特法伦艺术博物馆（斯图加特，1990年），第275页，第28号。
[4] 罗伯特·平克斯-威滕（Robert Pincus-Witten）对罗特劳特·克莱因-莫奎（Rotraut Klein-Moquay）的访谈，并发表在《伊夫·克莱因：美国》（巴黎，2009年），第7页。

而是同克莱因开展密切的合作。"蓝色单色画被放置在主要的展厅，以营造一种总体上的纯粹感……克莱因其他的作品则被放在了后厅。"[1] 据利奥·卡斯蒂里画廊 1959 年至 1961 年的经理助理伊万·卡普（Ivan Karp）回忆道，虽然这些单色画"对他们来说有一种冲击……但是利奥和我都觉得，这些作品并没有那么有意义"[2]。更重要的是，对于卡斯蒂里来说，即便并未有重大意义，但这些单色画也比克莱因后来的作品要更有力。在这位美术馆经营者看来，克莱因除了单色画之外的作品都"过于刻奇"了，它们只能被放入后厅，以避免被观众看到。[3] 而根据当时的新闻报道，很少有人参加了这次展览的开幕式，也并没有一张单色画售出，只有三个海绵雕塑被观众购买了。[4]

由于这次展览的主体只是这些单色画，克莱因的那些最新作品都没能为大多数观众所看到。那么，我们将很难

---

[1] 卡斯蒂里（Castelli）的回忆发表在弗林（Flynn）的《伊夫·克莱因的蓝色地毯》，第 2 页，以及西德拉·斯蒂奇（Sidra Stich）的《伊夫·克莱因》，第 275 页，第 20 号。

[2] 保罗·卡明斯（Paul Cummings）在利奥·卡斯蒂里画廊接受伊万·卡普（Ivan C. Karp）的采访，1969 年 3 月 12 日，美国艺术档案馆，华盛顿特区史密森尼学会。

[3] 西德拉·斯蒂奇（Sidra Stich），《伊夫·克莱因》，第 275 页，第 20 号。

[4] 装饰艺术博物馆主任弗朗索瓦·马泰（François Mathey）回顾开幕式上人少的情况，并指出，除了传统的开幕式晚宴外，包括克莱因、罗特劳特、拉里·里弗斯（Larry Rivers）和一个朋友在内的一小群人去了一家中国餐馆。见西德拉·斯蒂奇（Sidra Stich），《伊夫·克莱因》，第 275 页，第 26 号。斯蒂奇在《伊夫·克莱因》第 223 页中指出没有一幅作品售出，同时，伊万·卡普（Ivan C. Karp）回忆说，一些单色画以不高的价格售出。保罗·卡明斯（Paul Cummings）在利奥·卡斯蒂里画廊（Leo Castelli）接受伊万·卡普（Ivan C. Karp）的采访，1969 年 3 月 12 日，美国艺术档案馆，史密森尼学会，华盛顿特区，第 33 页。罗伯特·平克斯-威滕（Robert Pincus-Witten），《伊夫·克莱因：美国》，第 44 页。

真正掌握是什么在鼓动着对克莱因作品的尖刻评价:

> 这个来自巴黎共同市场的最新的糖派达达主义者（Sugar-Dada），是一个充满魅惑的神秘主义学说饱学之士，我们所有的问题是，他的艺术创作是否都是在从顿悟到海绵学的思想之下完成的呢……他或许可以被称为法国新达达主义的乔治·M. 考安（George M. Koan）……克莱因的单色画像是宇宙的流水账，又像是泰坦尼克号的沙发垫，或者是位于布朗克斯勒夫天堂的阿卡迪亚天空的守财奴。[1]

艺术批评家小罗兰·F. 皮斯（Roland F. Peese Jr）注意到了这些单色画的"巨大的，难以忍受的安静"，在他看来，"这是一种不存在的壮丽"。他的文章以这样一段评论结尾："来自虚空的外太空的蓝色跟随着你，贴在你的舌苔上，没有味道，又或者只有在克莱因那争议性的'精神流动'的意义上才能感受到味道。"[2] 不管是精妙的，还是粗陋的，这些评论都批评克莱因缺少真诚、技巧和品味，认为其作品是对大众文化最低级形式的借用。不过，同纽约艺术圈对克莱因的刻薄相比，这一切都显得过于温和了。比利·克鲁弗（Billy Klüver），贝尔电话研究所的一位电信

---

[1] 杰克·克罗尔（Jack Kroll），卡斯蒂里展览的回顾，《艺术新闻》，lx/3（1961年5月），第14—15页。

[2] 小罗兰·F. 皮斯（Roland F. Peese Jr），卡斯蒂里展览的回顾，《国际艺术展》，v/6（1961年6月—1961年8月），第98页。

工程师，同时也是 EAT（艺术与技术试验组织）的联合创始人，在他的回忆中，克莱因不断地卖弄哲学术语，同时还不停地引用他自己的说法和作品，这让人们非常愤怒。[1] 我们还得知克莱因在一次晚宴中卷入了一场同蒂博尔德纳吉画廊（Tibor de Nagy Gallery）的经理约翰·伯纳德·迈尔斯（John Bernard Myers）的互殴。这次暴力事件的原因是迈尔斯不停地挑衅克莱因，将克莱因称为"蓝色男孩"。[2] 最让克莱因感到难过的是传闻中马克·罗斯科（Mark Rothko）对他的否定，当克莱因出现在他面前的时候，他扭头就走，一句话也没说。[3] 根据艺术史学家和艺术评论家芭芭拉·罗斯（Barbara Rose）的记载，克莱因的反击使得他更加坐实了"新达达主义"和"冒牌艺术家"的罪名。罗斯的结论非常明确："我们都认为他是一个骗子。"[4] 在艺术家劳伦斯·韦纳（Lawrence Weiner）的回忆中，罗伯特·劳森伯格后来称克莱因为"飞翔的法西斯"[5]。克莱因在美国最亲密的朋友，艺术家拉里·里弗斯

---

1 在比利·克鲁弗（Billy Klüver）口述给助手的回忆录中，他记得曾与让·丁格利（Jean Tinguely）交谈，并告诉他他一直将到凌晨一点，因为他"陷入了与伊夫的这场巨大的思想争论"。丁格利回答说："如果您要与伊夫在一起，您必须了解他是怎样的人，或您将如何始终陷入这样的争论或讨论。"文字由朱莉·马丁（Julie Martin）提供，纽约，2005 年 10 月 27 日。
2 阿尔芒（Arman）在接受西德拉·斯蒂奇（Sidra Stich）的采访时转达了这些信息，《伊夫·克莱因》，第 276 页，第 29 号。
3 托马斯·麦克埃维利（Thomas McEvilley），"伊夫·克莱因：虚空的征服者"，《伊夫：挑衅者》（纽约，2010 年），第 171 页。
4 在纽约与芭芭拉·罗斯（Barbara Rose）的个人交流，2005 年 10 月 16 日。
5 劳伦斯·韦纳（Lawrence Weiner）在 2005 年 12 月 7 日于纽约的个人交流中提到了有关罗伯特·劳森伯格的轶事。

(Larry Rivers)注意到:"许多人都认为克莱因的作品以及其人生,是'艰涩的''扭捏的''恶心的'。"[1] 在克莱因去世一年后,这种对克莱因的敌意也仍然没有消退。根据艺术家唐纳德·贾德(Donald Judd)的说法,并不是克莱因的艺术作品,而是他的"大众性"和"鬼把戏",才使得他挤入了最新的年轻一代欧洲艺术家排行榜之中。[2] 拉里·里弗斯试图从艺术领域中国家与国家之间竞争的语境来理解这种对于克莱因的普遍的敌意:"出于对美国艺术品市场的保护,或者出于这样一种愚蠢的观念,即,我们这个时代唯一有趣味和有价值的艺术家只能是美国人。"[3]

这些并不完全可信的个人回忆,也许非常应该置于一种审慎的怀疑之中。但如果我们从发生在纽约和巴黎之间竞争艺术霸权的语境出发,就会非常容易理解。[4] 克莱因一回到法国就提出了这一问题,虽然最终未能成为一篇完整的文章,但在某种程度上已经蕴含了许多真理:

> 巴黎和纽约,究竟谁才能代表今天?巴黎画派(Ecole de Paris)在过去已经消失许久了。但对于我来说,过去作为一

---

[1] 拉里·里弗斯(Larry Rivers)的回忆可在"忧郁的克莱因"中找到,《艺术新闻》,第一卷。lxv(1967年2月),第32—33和75—76页。
[2] 唐纳德·贾德(Donald Judd),"纽约展览:在画廊中",《艺术杂志》,xxxvii/4(1963年1月),第48—49页。
[3] 拉里·里弗斯(Larry Rivers),《忧郁的克莱因》,第76页。
[4] 谢尔盖·吉尔伯特(Serge Guilbaut),"纽约如何偷走现代艺术的观念:抽象表现主义",《自由与冷战》,亚瑟·戈德哈默(Arthur Goldhammer)译(芝加哥,伊利诺伊州,1983)。

种尺度，不管是在昨天，还是在十年前、二十年前、五十年前，都是一致的……纽约作为一座城市，已经不再是居住、工作和鼓舞人心的地方了，就如同它在战前一样。除了作为一个交通要道、一个站台，它什么都不是。以同样的方式，当一个冉冉升起的艺术家不得不离开巴黎，不管他是美国人，还是荷兰人、法国人或者日本人，他都将同样会从纽约离开！与此同时，这并不意味着巴黎作为艺术中心已经终结了，这件事在巴黎完全没有发生，却发生在了纽约！不，这意味着，在今天我们不再拥有巴黎画派或者纽约画派，今天存在于世的只有一种流派，那就是世界画派。[1]

克莱因的感言是非凡的。他的那关于巴黎或纽约已经不再是当代艺术世界的轴心的断言，如今已经得到了越来越多的流传。而他那种激进的关于"一种崭新的世界秩序"的"国际主义"版本，似乎也同他那不愉快的纽约体验密切相关，正是这次纽约之行，让他发现了这座城市格局的狭隘、目光的短浅。对于深度卷入发生在巴黎和纽约之间关于先锋派使用现成品问题的争论中的皮埃尔·雷斯塔尼而言，他与克莱因有着天然的默契。在克莱因逗留美国期间，雷斯塔尼组织了两次展出，并最终导致了艺术界和评

---

[1] 伊夫·克莱因（Yves Klein），"切尔西酒店宣言"（未公开摘录），《超越艺术和其他著作的问题》，玛丽-安妮·西歇尔（Marie-Anne Sichère）和迪迪埃·塞米（Didier Semin）编（巴黎，2003年），第416—417页。

论界之间无法弥合的分裂：1961 年 5 月 17 日到 6 月 10 日，在 J 画廊（Galerie J）举办的"达达以上 40 度"（Á 40°au-dessus de Dada）和 1961 年 6 月在拉卡德右岸画廊举办的"巴黎和纽约的新现实主义"。正如前文所提及的那样，雷斯塔尼在没有同克莱因商量的情况下，对新现实主义的边界进行了扩展，将法国和美国的艺术家（包括罗伯特·劳森伯格和贾斯培·琼斯）都纳入其中。与此同时，雷斯塔尼还强调了新现实主义和现成品艺术之间的内在联系，并据此认为大批量生产的物品理应是战后艺术实践重组的中心。

不过，克莱因的思想并不仅仅是对其遭遇的回应。他通过有意建构和扮演一种"冒牌艺术家"的形象，主动挑起了法国和美国的评论者之间的争论。在纽约著名的切尔西酒店，克莱因同尼尔·莱文（Neil Levine）和让·阿尔尚博（Jean Archambault）合写了一份《切尔西酒店宣言》。这份宣言在 1962 年克莱因去世之后，发表在一次展览的作品集上。[1] 而这份宣言，正是其煽动策略的最佳写照。在这份宣言里，大部分内容都是对克莱因个人创作的回顾（单色画、虚空、人体绘画、火焰雕塑、空气动力学、单色交响曲等），也包括了对克莱因寻找非物质形态的解说。毋庸置疑，鉴于大部分美国观众对他都是一无所知的，克莱因试图在他的艺术成就和艺术"哲学"两方面将自己包装

---

[1] 1962 年 11 月 5 日至 24 日，《切尔西酒店宣言》在展览"伊夫·克莱因"中作为展览目录出现在了纽约亚历山大·艾奥拉斯（Gallery Alexandre Iolas）画廊。

成一种艺术世界的催化剂。当然，就好像也是在对其批评者进行直接回应，克莱因还写道："有一大批年轻一代艺术家将我视为一种'危险品'，他们认为我是这个时代的灾难和邪恶产物的一部分，必须在邪恶蔓延之前将我完全破坏和摧毁。这让我感到有些不安。"[1] 当讨论到他最近的艺术实践，尤其是那副《空间躺于此处》的作品，他强调：

> 我对于"the corney"（原文如此）有着非常强烈的兴趣。我感觉到，在恶趣味的独特本质之中，存在着一种能够远超传统艺术的创造力。我想要以一种冷酷和残忍的方式，摆弄人类的情感和'病态主义'。直到最近，我成了一个送葬者（说来奇怪，我正在使用我的敌人们的独特术语）。我最近的一些作品就是坟墓和棺材。[2]

在现代英语中，"粗鄙"（corny）用来指一种陈腐的或者夸张的感受。[3] 这个词首先出现在 1932 年，被定义为"乡下味儿的；淳朴的、单纯的；无聊的、陈词滥调的、多

---

[1] 伊夫·克莱因（Yves Klein），"切尔西酒店宣言"，《克服艺术难题》，第 194 页。
[2] 同上，第 195 页。
[3] 根据《牛津英语词典》，"corny"一词的首次出现可追溯到 1932 年，与音乐演奏风格有关（"黄铜部分的演奏……退化为绝对的'角质'和断断续续的演奏风格"）。1937 年它的再现，同样与音乐有关（"她开始演奏一段旋律……在战后初期十分流行……'一些老旧的东西。'美世说"）。1944 年，它在喜剧中出现（"他想知道老艾比这次想什么"）。1951 年在戏剧中出现（"俗气的文学作品和老套的戏剧中表现出的傲慢与肥胖"）。1957 年，它谈到艺术（"沃克美术馆收藏了一些维多利亚时代和爱德华时代最古老的杰作"）。而在 1958 年，它提到了情感状态（"我的感情是——用一句俗气的话——如若订婚"）。《牛津英语词典》，第二版（牛津，1989 年），第 949 页。

愁善感的;陈腐的、平庸的、下等的",同时也有"矫饰的戏剧风格、浮夸而平庸的情感"之意。[1] 然而,在克莱因自我安慰的叙述中,这个词被视为是他在纽约同马塞尔·杜尚的两次会面中马塞尔·杜尚(Marcel Duchamp)送给他的"一个礼物"。[2] 他对于"corney"的反常使用,是他将恶趣味作为一种创造力的实例。在克莱因看来,恶趣味能够克服现代主义艺术范畴的缺点而成为一种创造性的力量。而从《空间躺于此处》,便可以看出这些特别的意义。毫无疑问,在他写作《切尔西酒店宣言》的时候,曾于卡斯蒂里画廊同单色画作品一起展出的这幅作品,就已经成竹在胸了。状如坟墓,并因此散发着吸引力和冲击力的《空间躺于此处》,由一个被填上金色面板并且配有金叶、克莱因蓝海绵花冠和丝绸玫瑰装饰的凹陷木板组成。这种将浪漫主义的"多愁善感"同病理学意义上的"病态主义"相结合的作品,无可争议地体现了何为恶趣味。尽管它是作为一个单独作品而出现的,但它却在身体和视觉的每一方面都撩拨着观看者的神经,从而使得现代主义对于艺术自律的主张变得更加复杂化。

---

[1]《牛津英语词典》,第二版(牛津,1989年),第 949 页;《韦伯国际辞典》第三版(斯普林菲尔德,马萨诸塞州,1981年),第 508—509 页。
[2] 在纽约与罗特劳特·克莱因-莫奎(Rotraut Klein-Moquay)的个人交流,2005 年 10 月 25 日。马塞尔·杜尚(Marcel Duchamp)1961 年 4 月的日记表示在 4 月 6 日(星期四)上午 9 点,以及 4 月 11 日在利奥·卡斯蒂里(Leo Castelli)画廊的展览开幕式上,与伊夫·克莱因(Yves Klein)会面。见罗特劳特·克莱因-莫奎(Rotraut Klein-Moquay)和罗伯特·平克斯-威滕(Robert Pincus-Witten)的《伊夫·克莱因,美国》(巴黎,2009 年),第 116—117 页。

克莱因的主张同克莱门特·格林伯格（Clement Greenberg）的《现代主义绘画》形成了直接冲突。这本以媒介特殊论为基础而撰写的著作，是现代主义原理的奠基之作。在这位美国艺术评论家的著名论断中："现代主义的本质在于……用属于某种规范的典型方法去批判这种规范本身。是在这个规范的领域内使得它更加坚实，而不是推翻它。"[1] 对于格林伯格来说，现代主义是基于一种特殊媒介的实践。比如，绘画与二维空间对峙，雕塑与三维空间对峙。这种媒介同艺术自律的地位是同等重要的，同时也构成了对抗大众文化入侵的最后堡垒。克莱因则声称自己重新激活了格林伯格的观点，当然，这似乎也是克莱因认为格林伯格的范畴已经过时了的变相表达。通过戏剧性地揭示这个作品或上或下、或左或右的空间的重要性（或者用唐纳德·贾德的话说是"鬼把戏"），克莱因将他那揭示现代艺术"死亡"的术语"粗鄙"淋漓尽致地展现了出来。虽然克莱因始终都在夸大这种让他成为一个"冒牌艺术家"的表演才能，但是他确实在对象及其相关的状态、效果之间创造了一种令人不安的割裂。这种割裂对我们提出了以下问题：在内在的自律力量的支配下，艺术品是否仍具有颠覆性？媒介元素是否在意义和主体的建构中完全占据了

---

[1] 克莱门特·格林伯格（Clement Greenberg），"现代主义绘画"，作为《论坛演讲》的一部分，于 1960 年在广播中首次播出（华盛顿特区，美国之音）；未经修订的版本发表在《艺术年鉴》4（1961 年）中；稍作修订的版本发表在《艺术与文学》（1965 年春季）上。

主导地位?

行文至此,"刻奇"的故事是否完全适用于克莱因呢?据传闻,克莱因同劳森伯格在收藏家罗伯特·史库尔(Robert Scull)组织的一场派对中,进行了深入的意见交换。劳森伯格当面指责克莱因,认为克莱因的作品非常"粗鄙"。而克莱因的回应则是:"是的,我的作品是一种有意识的'粗鄙',但你的作品却是一种不自知的'刻奇'。"[1] 作为一次美学领域的严肃争论,这次发生在派对上的交锋,显示出克莱因对其纽约小伙伴的技高一筹。在1939年的一篇名为《先锋派和刻奇》的论文中,克莱门特·格林伯格给出了"刻奇"是"真正文化的戏仿""错位的经验、虚假的感觉""我们这个时代人生中所有虚假的缩影"这些著名论断。

如果先锋派或民众能同意那些对他们所处时代的审美产物有着敏锐的把握力和批判力的文化精英的话,那么,"刻奇"确实是"假装不向消费者索取金钱以外的任何东西,甚至连时间都不索取"的"后卫"。[2] 与此同时,"刻奇"还是专制政府的完美统治工具,因为它是一种极易消化和吸收的"大众文化"。格林伯格意味深长地写道,"刻奇"作为大众文化对象的内在属性,使得它赋予了先锋派

---

[1] 乔治·玛西(Georges Marci)给西德拉·斯蒂奇(Sidra Stich)的一封信,《伊夫·克莱因》,第275页。
[2] 克莱门特·格林伯格(Clement Greenberg)的《先锋与媚俗》,《克莱门特·格林伯格:论语与批评集》,第1卷,约翰·奥布莱恩(John O'Brian)编(芝加哥,伊利诺伊州,1988年),第5—22页。

这样一种可能。在这种可能中,先锋派通过对现代主义作品的反生产,实现其法西斯主义的探索。

克莱因被纽约的先锋派艺术家称为"冒牌艺术家"或者"飞翔的法西斯",是因为克莱因在他的生活中右翼倾向表现得非常明显。与此同时,在他后来的艺术实践中,这种右翼倾向也有许多表现。我们可以想象,在格林伯格及其拥护者所奠定的战后纽约的现代主义艺术秩序中,克莱因与被纽约人民认为是封建王权象征的塞巴斯蒂安骑士团的密切关系(在美国展览的开幕式上,克莱因挑衅式地穿戴上骑士团的帽子和披肩),他在"虚空"开幕式上维持秩序时对被视为暴力机器的共和国卫队的使用,都让他值得被高度怀疑。还有克莱因对于被视为带有强烈军国主义色彩的柔道的偏好,以及他那曾经在西班牙为法西斯政权做柔道教练的传言,更增加了纽约人民对他的负面评价。[1] 所有这一切都与克莱因标志性的"花招"混合在一起。但实际上,他对于制服、仪式、徽章以及一些别的神秘主义饰品的偏爱,与抽象表现主义的严肃性并不适配,也与通过将绘画神圣化从而使之作为艺术家真正自我的主张不相符。尽管克莱因的单色画或许能与先锋派艺术客体的"严肃"范式匹配,但他并不能因此声称自己的单色画创作要先于美国艺术界。毕竟,早在十年前,也就是在 1951 年,

---

[1] 拉里·里弗斯(Larry Rivers)的采访,西德拉·斯蒂奇(Sives Stich),《伊夫·克莱因》,第 275 页,第 24 号。

罗伯特·劳森伯格就已经创作了一系列白色的画,并早在 1955 年就已经"少年得志",在美国本土艺术圈占据了一席之地。[1] 克莱因的蓝色单色画同《空间躺于此处》的不可通约性,迷惑了当地艺术界。这两件作品看起来属于两种不同的意思和类型(先锋派艺术和刻奇艺术),然而,克莱因用"感知力"这样一个广义上的范畴,将二者纳入到了同一个框架之内,从而使得这种艺术形态的二元论变得更加复杂。

在 1961 年的美国,二十世纪四十年代出现的本土流派"抽象表现主义",以及二十世纪五十年代、六十年代先锋艺术的象征"罗伯特·劳森伯格",仍然将美学领域限定在物品模型的生产当中。然而,后物品这种崭新的艺术形态已经呼之欲出了。克莱因比任何人都更加深刻地理解到了这一点。尽管艾伦·卡普罗(Allan Kaprow)将这一艺术事件定位在 1958 年的背景中去考察,但克莱因的位置似乎显得更加复杂。这种复杂源于克莱因的"粗鄙"同"恶趣味"之间已经被画上的那个等号。[2] 他不仅是在同下一个十年

---

[1] 对罗伯特·劳森伯格(Robert Rauschenberg)在伊根(Egan)的展览的回顾指出:"鲍勃·劳森伯格(Bob Rauschenberg)再次恢复了辉煌的成就……"《艺术新闻》,liii/9(1955 年 1 月),第 47 页。

[2] 回顾在汉萨(Hansa)的艾伦·卡普罗(Allan Kaprow)的展览时,他说:"[他]安装了一种独特的视听发明:切下大约三英尺到几英寸宽的条形,用淋浴帘和其他合成的、纯色的或透明的织物,并装饰上模仿油漆的东西,几乎从天花板悬挂至地板。锡纸、碎玻璃纸和圣诞树灯增加了多样性。当一个人在偶数行之间悠闲地游荡时,一个人也幻想着其他游客也在做同样的事情。也就是说,礼貌地吸收每一根可用的神经,从普通世界抽象到音乐世界的感觉?与抽象艺术一样具体(?),并且两者都在英勇地反抗背景音乐。"《艺术新闻》,lvii/3(1958 年 5 月),第 14 页。

将会成为艺术家和艺术评论家核心范畴的"物品性"进行对抗,也预示了感官经验作为一个新兴的和难以捉摸的美学元素,是无法与大众流行的标准趣味相符合的。为了说明这一点,在一次法语访谈中,克莱因钉牢了劳森伯格的棺材板。当被问及恶趣味的定义是否无法适用于美国艺术家的作品时,克莱因反驳道:"不,我不同意这个观点,因为劳森伯格经常这样坚持,在那次发生在纽约的长谈中,他也依然这么坚持……"当采访者换了一种说法,问他在劳森伯格的作品中是否一点恶趣味都不存在时,克莱因回答道:"不,我认为那种老派学院风的画笔和颜色是存在的……"[1] 在这次访谈中,克莱因坚持劳森伯格对于传统艺术创作技术的忠贞,这其中最引人注目的是他对于画笔的使用,也包括所选择画板的大小样式。在克莱因的本土词汇中,"刻奇"代表着过时的绘画实践,而"粗鄙"则为艺术生产和消费创造了一种新的感知范围。为了使当地的先锋艺术派的弊端显现,也为了指出当代的合法艺术体制在运作中对于上述转变在理解上的延宕,克莱因接受并拥抱了"冒牌艺术家"的形象。如果克莱因的人物形象和言语主张,都是基于"粗鄙"对后物品制造的授权的话,我们就无法忽视这一事实,即:大多数观众将会认为克莱因在卡斯蒂里画廊展出的艺术品是传统的"物品",而这种物

---

[1] 克莱因与萨莎·索斯诺斯基(Sacha Sosnowsky)的对话,再版于《伊夫·克莱因》,展览目录,蓬皮杜艺术中心,巴黎(1983年),第 263—264 页。

质外表同克莱因对于无形的主张之间的不一致,让他也被认为是一个"冒牌艺术家"。在克莱因的辩护中,他认为的策略是同时使用两种能指,一种是已经在流转的,一种是尚未存在的。

或许克莱因已经不再将巴黎和纽约的连线视为一种艺术界的绝对了,但他并未失去自己的领土和封地。自他从纽约回来之后,他热情地提倡和拥护尼斯画派(Ecole de Nice)。在他看来,二十世纪五六十年代欧洲艺术界所有有价值的艺术创造都来源于此处。[1] 对于在蔚蓝海岸度过自己大部分童年时光的克莱因来说,他深知这片土地在二十世纪早期至中期曾经作为许多艺术家的家园而存在。然而,克莱因并未因此想起亨利·马蒂斯(Henri Matisse)或者皮埃尔·波纳尔(Pierre Bonnard)这些艺术家,因为在克莱因看来,他们是巴黎画派的创始人。对于尼斯画派来说,克莱因着重强调的是,阿尔芒、本·沃捷(Ben Vautier)、马歇尔·雷斯(Martial Raysse)等人。用一种有预见性的猜想,克莱因宣称:"当我们将目光转移到西部,我们只能看到洛杉矶,而看不到纽约,因为洛杉矶是神秘的,我对它一无所知。然而,当我经过纽约,随后经过日本,我看到了这样一个新的艺术轴心:尼斯—洛杉矶—东京。当然,随后还会有中国的加入。"在克莱因的反复鼓吹中,尼斯画

---

[1] 克莱因与萨莎·索斯诺斯基(Sacha Sosnowsky)的对话,再版于《伊夫·克莱因》,展览目录,蓬皮杜艺术中心,巴黎(1983年),第263—264页。

派不仅仅意味着对传统艺术中心的接管，还意味着对主导艺术体系的颠覆。同马歇尔·雷斯的主张相一致，克莱因认为尼斯画派的成员并非"艺术概念的囚徒"，而是以一种"健康"和"假日"的状态存在着。[1] 这一名称的症结在于艺术劳动的问题，在二十世纪六十年代，艺术劳动与市场逐渐结为一体。而克莱因则通过区分游客和尼斯画派，将艺术工作同绝对休闲联系在一起——完全摆脱了资本主义劳作的结构和技术。如果游客只能是在工作之余来尼斯观光的话，尼斯的艺术家们则宣称自己在艺术创作的同时，享受着永久的休闲。为了进一步区分"尼斯人"（尼斯画派）和除此之外的所有人（比如巴黎画派、达达主义、美国新达达主义），克莱因将他最亲密的伙伴们形容为"当代世界感官之吸血鬼"[2]。

克莱因关于尼斯画派的论述，来自两个有着明显区别但又有着共同基础的主线。首先，植根于他那试图将艺术自律扩展进个体生命领域的个人志向。其次，发展于他对尼斯画派的集体目标的公开声明：

> 我想要简单明了，我将会成为一个"画家"。人们会谈论我说：那就是"画家"。我也将从"画家"中解放我自己，因

---

[1] 克莱因与萨莎·索斯诺斯基（Sacha Sosnowsky）的对话，再版于《伊夫·克莱因》，展览目录，蓬皮杜艺术中心，巴黎（1983年），第263—264页。
[2] 同上，第263—264页。

为，准确地说，我并不作画，或者，至少我不是以表面的形式作画。我作为一个画家"存在"的事实将会成为这个时代最伟大的图像作品……[1]

克莱因所使用的"绘画""画家"等词确实适用于他，但克莱因也赋予了它们美学体验和社会经验的新的秩序。这种秩序虽然尚未被身份政治所标定，但却与艺术生产的传统管理之间公然一刀两断。这也是他从纽约回来之后很快就同雷斯塔尼产生分歧的关键原因。克莱因在《现实超越虚构，现实主义超越物品》(La réalité dépasse la fiction, le réalisme dépasse l'objet) 一文中，并未用任何明确的术语去展示他与雷斯塔尼之间的不同：

> 只要我是（新现实主义）的发起者和创建者，这就不会是一次物品的冒险……新现实主义者想要去创造一种……孕育于感官之中的经验……他们绝不寻求刺激或震撼资产阶级。他们同尼斯画派分享同样的思维方式：……挣钱，但不是通过售卖他们的艺术创作。[2]

克莱因的目标是从雷斯塔尼以退为进的言论中将艺术物品抽离出来，在雷斯塔尼的表述中，艺术物品同样隶属

---

[1] 伊夫·克莱因（Yves Klein），"单色冒险"，《克服艺术难题》，第147—149页。
[2] 同上，第313—314页。

于历史上的先锋派,并且建立了一个更富当代意味的阐释空间。

或许克莱因的这一目的并没有立竿见影,不过,克莱因对纽约艺术界价值体系的理解推动了他对于尼斯画派的进一步阐发。这大约发生在1961年。他的同胞们对于生活、休闲以及感知王国的热情拥抱,被克莱因认为是从在"刻奇"和"粗鄙"周围流动的细微差别之中的个人特性直接进化而来的。如果"刻奇"意味着面向物品,那么"粗鄙"则是对以"感知力"抑或开放生命的无常为指向的异化劳动的直接否决。在目睹了纽约的发达艺术品市场之后,克莱因意识到他那"刚刚开始的"田园牧歌般的想象并不能在市场体系之外存活。但只有艺术生产的目的完全将自己的注意力从作为一种经济活动的物品生产上转移至别处,"休闲"才能被转换成"艺术"。以这种思路,克莱因用一种巧妙又不失庄重的方式描述了尼斯画派:"我们喜欢商业,我们真的很喜欢钱;但我们不寻求通过出售自己的作品'赚钱',我们'制造'美好的时光。换句话说,我们是一群赌徒,在感知世界中的赌徒。或者,用尼斯方言来说,是一群用奇特的方式变戏法的人。"[1]

就像古罗马的两面神一样,克莱因的人格具有这样两种维度:"尼斯人"(Niçois)直面本土语境,将"传统"的

---

[1]《伊夫·克莱因》,展览目录,蓬皮杜艺术中心,巴黎(1983年),第264页。

面向物品的巴黎画派的实践，同认为艺术作品的潜在形式是一种共享体验的新一代艺术家相区分；"冒牌艺术家"则活跃在美国艺术舞台上，同互相倾轧的新先锋艺术相区分。新先锋艺术是一个活跃在大西洋两岸的松散组织，他们在艺术语言中相互竞争，并在这一过程中，在他们周围产生了一个新的商业市场。对于这两种人格来说，克莱因所使用的都是一种吊诡的策略。当艺术领域被彻底重构时，艺术在一个历史语境中应该是什么？克莱因似乎在用一种过时的艺术概念和信念回答这一问题。

11 表演家，
　　1961—1962

> 活出一种永恒的显现，体验存在的永恒：在此处，也在彼处；在内部，也在外部。一种欲望的升华，一种被吸收和浸满的事物"遍及"……一切都在继续，单色剧场，最终超越了心理领域……[1]

在克莱因生命的最后一年，从1961年的夏天到1962年，他在两个具有开创性意义的事件中扮演了"表演家"的角色。在1962年1月21日克莱因与罗特劳特·约克的婚礼上，以及在1962年5月10日在戛纳电影节首映的电影《世界残酷奇谭》(*Mondo Cane*)中，克莱因与作为中介的图像之间长期以来的关系达到了一个新的高度。这两个故事结局迥异，但都源于一

---

[1] 伊夫·克莱因（Yves Klein），"星期日"，《克服艺术难题：伊夫·克莱因的著作》，克劳斯·奥特曼（Klaus Ottmann）译（康涅狄格州，帕特南，2007年），第104页。

种相似的冲动：一种通过构建和控制图像世界来传播其艺术"存在"并影响公众舆论的愿望。从克莱因艺术生涯的一开始，他就敏锐地把握了宣传的机制和渠道，以此作为自我宣传和获得认可的手段。1952 年，他不仅在日本的讲道馆的私人空间里练习柔道，而且还有意识地将自己的身影拍摄下来，以实现其证明自己柔道正统的目的。同样，1954 年《伊夫之画》和《哈格诺之画》的目录格式和颜色样本，不仅都与当时艺术界的美学验证流程相关，还都同当时通用的商业广告技术联系在了一起。他的大部分主要展览和表演都有大量的文献记载，包括 1957 年阿连德画廊和克莱尔画廊同时举办的个人双展，1960 年在国际当代艺术画廊举办的"人体绘画"，以及 1961 年在法国燃气集团举办的"火焰之画"。值得注意的是，1960 年的"跃入虚空"，只在其自行出版的报纸《星期日》上以量产照片的形式出现。[1] 克莱因在艺术和生活中对大众化的不断追求，的确没能让他在激进的左翼先锋派中获得任何朋友。他们批评"景观文化"对当代法国社会的潜在影响。然而，克莱因却将视觉世界视为构建他的不同人设的场所，这表明"景观文化"已经潜入了克莱因主体性的全部领域。一方面，在他的婚礼上，克莱因通过把其传记中最私密的部分变成一种媒体事件，从而将他那"作为图像的生活"的体

---

[1] 弗朗索瓦·阿尔贝拉（François Albera），"伊夫·克莱因电影院"，《1895，一千八百九十五》，第 49 号（2006 年）。

验内化了。另一方面，对于《世界残酷奇谭》来说，他无法支撑这种缝合，从而将这个人物形象本身（而不是他所知道的他的生命）转变成了对他的意图的扭曲。有人说，这导致了他的英年早逝。

虽然克莱因的美国之行没有他预想的那么成功，但当他回来时，有两件大事等着他。1961年11月，他在米兰的阿波利奈尔美术馆举办了一次大型展览，这是他当年的第四次个人展。不久，他便得知罗特劳特怀孕了。于是，克莱因立即开始组织他们的婚礼。起初，他希望婚礼在1962年1月20日星期六，即圣塞巴斯蒂安节举行。圣塞巴斯蒂安节对于圣塞巴斯蒂安骑士团来说，既是一个纪念性的日子，也是一种确保分散在法国各地的骑士们能够定期到巴黎相聚的手段。在这一天，他们身着盛装，前来赴宴。自从克莱因在1956年被指定为圣塞巴斯蒂安骑士团的弓箭手，他就一直庆祝这个节日。不过，当他得知骑士团对于在圣塞巴斯蒂安节不能举行婚礼有着严格规定的时候，克莱因选择将婚礼的日期改到了1月21日，一个星期日。不过，按照天主教教会的传统，这一天通常是不举行婚礼的。在巴黎第三区圣尼古拉-德尚教堂，克莱因精心设计了这场华丽盛会的所有细节。婚礼请柬的金、蓝和粉三种配色，在暗示克莱因最新的单色画作品的同时，其寓意不仅提及了新娘和新郎的家庭，还宣布了圣塞巴斯蒂安骑士团的出席。整个婚礼的录影工作由高蒙公司的一位名叫阿尔伯特·威尔（Albert Weil）的摄影师负责。威尔的摄像头记录下了婚礼的奢华和盛况。婚礼一开始，伴随着一首最新谱写的《单色交响曲》（来自作曲家皮埃尔·亨利的结婚礼物），这对新人走上了圣台。新娘罗特劳特身穿由克莱因设计的充满想象力的套装，包括哥特式风格的白色长袍，与之相配的面纱、手套和鲜花，头戴一顶"中世纪"的克莱因蓝色皇冠，她的这套特制礼服与克莱因的盛装搭配得非常协调。克莱因的套装包括骑士斗篷、剑、羽绒双角帽和马耳他十字勋章。圣坛男孩和骑士组成的方阵整齐划一，在数百名受邀者的围观中，他们手持天主教教会的徽章和圣塞巴斯蒂安骑士团的勋章，在这对新人之后缓慢前进。当新郎新娘在摆满蜡烛的教堂里朗诵誓言时，骑士们将这对新人团团围住了。一个长镜头停留在他们紧握在一起的双手上，紧接着是一个对准耶稣雕像的镜头切换，然后镜头又对准了附近的一个骑士——当这对新人从罗马式大门走出来的时候，骑士们用手中的剑，组成了一个长长的走廊，等待着他们从中穿过。穿插的镜头捕捉到玛丽·雷蒙德穿着一件克莱因蓝的连衣裙和一个带着克莱因蓝领结的侍者。宾客们和好奇的陌生人在教堂周围涌动，一辆白色的捷豹汽车将这对夫妇带到了圆顶咖啡馆的一个鸡尾酒会上。之后，克莱因在他于纽约结识的关系最好的朋友拉里·里弗斯的工作室举行了一场深夜派对。第二天，据说克莱因一醒来就去找报纸，看看是否有媒体报道他的婚礼，但他非常失望地发现,并没有报纸报道这一事件。[1]

如果说大多数婚礼都是由新郎新娘神圣结合的仪式元素所组成,那么克莱因则用他的表演手法将这种仪式推向了一个夸张的地步。到1962年,当他在表现世界中的表象都被变成现实时,克莱因身上的那种"个人"和"艺术"的区分也变得越来越模糊。在婚姻礼仪的约束下,克莱因并未意识到他同艺术之间相融合的后果。他有一种幻觉,以为自己能够指挥和控制自己制造的奇观。当他遇到以图像形式出现的中介形象时,他无法理解这会对他自己的感知产生什么影响。换句话说,当克莱因的形象成为一个自由浮动的能指而不受他确切意图的影响时,会发生什么呢?

与此同时,从美国回来后,克莱因受邀参加了一部名为《世界残酷奇谭》的长篇纪录片。这部纪录片由意大利电影导演瓜蒂耶罗·雅克佩蒂(Gualtiero Jacopetti)与影城(Cineriz)工作室的保罗·卡瓦拉(Paolo Cavara)和佛朗哥·普罗斯佩里(Franco Prosperi)共同制作。这几位意大利人在1960年就找过克莱因,但直到1961年7月12日才得以同这位艺术家签订正式合同。几天后,也就是7月17日和18日,电影正式开拍。雅克佩蒂让克莱因在他的镜头前展示了《人体绘画》的一系列创作。从这部影片中,整个世界都可以了解到这位艺术家从单色画到"人体画笔"

---

[1] 安妮特·卡恩(Annette Kahn),《伊夫·克莱因:蓝色世界》(巴黎,2000年),第378页。

的激进发明。

克莱因之所以没有拒绝这样一个光芒四射的商业平台，更主要的原因，是他发现自己受到了克劳德·夏布洛尔（Claude Chabrol）拍摄的一部名为《聪明人》（*Les Godeleuux*，1961）的影片的诋毁。其实，在夏布洛尔的电影拍摄完成之前，克莱因就听说这部电影要用一个特别"下流的"镜头，来描绘一个制作单色画，并且用与《人体绘画》相同的方式来进行裸体绘画的年轻艺术家形象。克莱因能够从小道消息那里了解到这些谣言，是因为夏布洛尔是在伊利斯·克莱尔画廊拍摄的这一幕，而克莱因正是在不太愉快的情况下离开了那里。夏布洛尔对一位以一种"放荡巴黎"的方式生活的疯狂艺术家的描绘，促使克莱因开始以诽谤角色的罪名起诉这位导演。[1] 在律师起草的一封信中，克莱因指责夏布洛尔"恶意重构了他最近提交给批评界的某些图片"[2]。为了举证，克莱因不得不证明是他发明的单色画和人体绘画。在庭审现场，伊利斯·克莱尔义愤填膺地指出，自己曾经鼓励克莱因在他的绘画实践中使用女性裸体模特。克莱因还召集了阿尔芒、米鲁兹、雷斯塔尼、乌瑙为他作证。取证是一个漫长的过程，一直持

---

[1] 弗朗索瓦·阿尔贝拉（François Albera）提到了一种不再存在的文字的打字版，该文字由克莱因（Klein）于1960年10月手写，其中画家描述了他在夏布洛尔（Chabrol）电影中的负面表现。阿尔贝拉（Albera），"伊夫·克莱因电影院"，注释21。

[2] 同上，第114页。

续到1962年3月。不过,那个时候夏布洛尔的电影已经上映,而这部影片的制作人也同克莱因成了朋友。[1]《巴黎快报》(*L'Express*)最终将影片中持续约二十分钟的争议场景描述为"一场盛大的狂欢","夏布洛尔先生已经被堕落所攻占"。[2] 在接受采访时,夏布洛尔解释说:"我的这部影片的核心是想展示一个濒临死亡的社会。一个在腐烂的过程中苍白无力的宇宙……"[3] 人们可以想象克莱因的愤怒,因为他被列为社会堕落的榜样。虽然实际上批评媒体几乎没有提到被夸张演绎的他。在他与法律体系打交道的过程中,这位艺术家同夏布洛尔电影中那位虚构人物的唯一相似之处,就是他会不停地在现实生活中寻找灵感。克莱因很快就意识到,法律诉讼将是一个漫长的过程,这需要之前合作伙伴和朋友的配合,并且在诸多方面都不可控。而商业活动的节奏不仅比法理程序快得多,它所提供的影像在公共领域产生的影响也比任何法庭证词都更大。因此,与其让别人用电影污蔑自己,倒不如亲自上场拍一部电影。这也正是他出现在影片《世界残酷奇谭》中的一个令人感到讽刺的原因。

在克莱因的逻辑中,有一个"战胜"生活和艺术之间

---

[1] 弗朗索瓦·阿尔贝拉(François Albera)提到了一种不再存在的文字的打字版,该文字由克莱因(Klein)于1960年10月手写,其中画面描述了他在夏布洛尔(Chabrol)电影中的负面表现。阿尔贝拉(Albera),"伊夫·克莱因电影院",第119页。
[2] 同上,第111页。
[3] 同上,第112页。

分歧的更好方法。他不是让雅克佩蒂编造一个想象中的艺术家，即由一个遵循导演指示的演员扮演的角色，而是将通过以自己的身份出现在影片中，并自己为自己撰写故事情节，来主导影片最终所呈现出来的他自己的形象。在写给他在纽约结交的最亲密的朋友拉里·里弗斯的一封信中，克莱因吹嘘说："我一回到巴黎，就必须开始为自己在一部大制作的彩色电影中的表演做准备……在这部电影中，我将指挥一个大型的古典管弦乐队，演奏我的单色交响乐，同时我还将指挥七个美丽的裸体女孩用身体绘制油画……"[1] 为了保持对他在影片中形象的完全掌控，克莱因提交了一份精细的"剧本"，并以此作为他和影视公司之间的协议。根据这一"协议"，影片场景的推进要同克莱因从单色画到人体绘画的美学历程相一致。与此同时，它还授予了克莱因在影片上映之前关于他自身形象的最终解释权。[2]

为了赶上这一盛举，克莱因和乔治·玛西（Georges Marci）于1962年5月12日乘飞机前往戛纳电影节的首映式。乘坐租来的蓝色劳斯莱斯，这位艺术家一身燕尾服笔直挺拔，在阿尔芒夫妇的陪同下，他们共同等待着克莱因的辉煌时刻的开始。不幸的是，这一切都没有实现。雅克

---

[1] 伊夫·克莱因（Yves Klein）给拉里·里弗斯（Larry Rivers）的信，1961年7月27日，巴黎，发表于《伊夫·克莱因：美国》（巴黎，2009年），第165页。
[2] 同上，第106页。

佩蒂并没有遵守合作条款,在他对影片的剪辑中,克莱因创作的完整性遭到了破坏。原本二十五分钟的表演被缩减为四部分:大部分的画面都在集中表现于蓝色颜料中沐浴的裸体模特;克莱因还被描述为"已故捷克斯洛伐克画家";原本克莱因所准备的单色交响乐,也变成了使人眩晕的夸张配音。即使它摆出一副阐发克莱因艺术的样子,但这种傲慢的叙述方式,实际上是对这位艺术家及其单色偏好的微妙嘲弄。"正如你们中的一些人可能已经猜到的,克莱因最喜欢的色彩是蓝色。蓝色也是他最喜欢的形式。事实上,蓝色是他唯一的形式和唯一的色彩。蓝色是他的画,对它的需求很大……这部杰作的每一个阶段我们都有权在影片中播放,现在只卖了四百万法郎。"[1] 克莱因在这部影片的短暂亮相(标题为"蓝色"),只是雅克佩蒂所试图营造的"震惊"的一小部分。这部作品既古怪又令人不安,由在西方和非西方文化中所收集的,关于人类和动物的各种堕落情节组成。克莱因的艺术实践被融入到"第一世界"和"第三世界"怪诞习俗的快速切换之中,其中包括新喀里多尼亚的"原始"居民吮吸母猪奶水的情节,美国的"精致"资产阶级为狗建造墓地的情节。在这部影片中,克莱因的艺术实践似乎只是作为另一种怪诞模式而出现。根据大多数克莱因传记的记载,这部作品给克莱因造成的震

---

[1]《世界残酷奇谭(Mondo Cane)》,瓜蒂耶罗·雅克佩蒂(Gualtiero Jacopetti),影城工作室,1961年,电影。

惊导致了他在戛纳的酒店房间里突发心脏病。这是他三次心脏病发作中的第一次，并最终导致他在一个月之内死亡。即使不考虑克莱因那常常迎合感伤情调的神话，我们依然需要着重考虑这一影视形象给克莱因造成重伤的可能性。实际上，已经有了一个能很好地证明这一点的例子。克莱因正是因为对于影片《聪明人》的不满，才从中吸取教训，预先采取一切措施，去塑造、打磨和经营自己在大屏幕上的人物形象。在他的美好憧憬和看到影片所呈现的现实之间，是什么破坏了它们的绝对联系呢？当他目睹了自己的荧幕形象被雅克佩蒂变成一个堕落和炒作的象征的时候，他无法承认那就是"自己"。在他的一生中，克莱因从未感受到如此强烈的被欺骗的感觉，他的艺术和人生都被这样一部影片抹杀了。也正是由于这样的影像，他现在终于看到了自己，看到了他自己原来是一个这样的伪造大师。套用德博尔（Debord）的话来说，我们可以认为，克莱因与这种改变和翻转他人生所有方面的"观看的力量"的对峙，在他的生命中引发了一种深刻而尖锐的异化体验。

这里还有一个戏剧性的巧合，在5月13日弗朗兹·克莱恩（Franz Kline）去世之后两天，罗特劳特收到胡安·米罗（Joan Miró）的一封哀悼信，哀悼她"丈夫"的去世。也正是在这一天，即5月15日，克莱因同皮埃尔·雷斯塔尼和让·丁格利一起应邀参加了巴黎装饰艺术博物馆的一场关于"艺术与工业"主题的公开辩论。在一个完全无视这两个领域之间合作潜力的观众的刺激下,克莱因对只重视工业的观点进行了强烈的抨击,直到被主持人尤金·克劳狄斯·佩蒂特(Eugène Claudius Petit,一位政治家和城市更新倡导者)打断才停下来。那天晚上,在克兹画廊(Galerie Creuze)举行的一场名为"给我看看"(Donner á voir)的集体展览的开幕式上,克莱因面色苍白,这让他的朋友们非常不安,他们试图用酒来帮助克莱因恢复精气神。但克莱因的状态却一直没有好转,于是,他们只好把克莱因送到当地医院。经诊断,克莱因得了心脏病,他必须尽可能多地休息。然而,克莱因并没有听从医生的建议,他继续投入狂热的创作之中,完成了一幅需要大量处理聚酯制剂的蓝色、粉色和金色的海绵浮雕三联画。他在第一运动街上的工作室并没有适当的通风设备,因此克莱因吸入了大量有毒气体。聚酯制剂产生的强烈异味,渗透到整栋公寓的每一楼层,同时也激起了邻居们的强烈不满。

据他的朋友们回忆,在1962年5月的最后两个星期里,克莱因显得非常疲惫,情绪低落,易怒……直到英年早逝。阿尔伯特·韦尔(Albert Weill)提出的那个要把动物痕迹融入他的绘画作品的新计划,也未能让克莱因打起精神。在此之前,克莱因已经决定给他那尚未出生的儿子取名为伊夫,并请阿尔芒做他的教父。他还准备离开拉卡德右岸画廊(Galerie Jean Larcade),到卡尔·芬克画廊(Galerie Karl Finker)去。按照日程安排,6月7日克莱因就要同卡尔·芬克画廊的经理进行一次会谈。据称,他向杜弗莱纳透露,"死亡给了我一个预警,让我做好准备"[1]。6月5日晚,克莱因如往常一样,在圆顶咖啡馆和罗特劳特共进晚餐。第二天,也就是6月6日,他招待了一些访客,包括他的父亲弗雷德、策展人让·拉卡德(Jean Larcade)以及他的好朋友罗杰·卡里奥(Roger Cario)。当天下午克莱因感到有些不舒服,于是给医生打了一个电话。当医生到来的时候,已经来不及了。由于心脏病发作,伊夫·克莱因于1962年6月6日去世,享年34岁。他葬于卢河畔拉科尔的一个小公墓里。后来,他的母亲玛丽还有姨妈罗斯·雷蒙德也葬在了这里。

---

[1] 安妮特·卡恩(Annette Kahn),《伊夫·克莱因:蓝色世界》(巴黎,2000年),第393页。

后世

> 我扪心自问,为什么要将没有理由存在的事物同应当存在和已经存在的事物进行比较呢?这有价值吗?有必要吗?这是真实的吗?是否既美又丑?既对又错?既善又恶?是否是完整的?[1]

克莱因在去世之后所得到的批评,仍然与他那自相矛盾的表演型人格密切相关。不管是尖刻的讽刺,还是爱戴的赞美,都揭示了他作为一种美学催化剂角色的持续作用。尽管现在距离克莱因去世已超过五十多年,但他的每一次"重现"仍会给艺术世界带来激励和鼓舞。克莱因的神话仍然在继续着。在外界对克莱因艺术实践的大量回应中,显示了他的超凡能力。这种时刻焕发生机的能力体现在他那对于艺术身份的当代认同的刺激,对于构成艺术领域框架的特定美学意识形态、审美趣味和美学价值体系的潜力的展示之中。

---

[1] 伊夫·克莱因(Yves Klein),"与自己对话",《克服艺术难题:伊夫·克莱因的著作》,克劳斯·奥特曼(Klaus Ottmann)译(康涅狄格州,帕特南,2007年),第 203 页。

在克莱因去世的 1962 年，法国和美国媒体对于他的逝世，采取了截然相反的态度。皮埃尔·雷斯塔尼对于克莱因的支持力度并没有减退，在一篇他写于《波纹》杂志上的文章中，他极力赞美克莱因，认为克莱因是近乎神圣的不可能的存在，他写道：

> 他的职业生涯以各种征服为标志，不得不说这正是现实中神话的一种化身……他那崇高的远见卓识将所有未来的神话投射到现在。他的思想是世界性的；他充满了对绝对的渴望。他摆脱了普罗米修斯的诱惑，他直接占有了所有的基本元素，风，雨，闪电；他在空气中建造空气；接着他驯化了火。他在表现上的无限制的紧迫感，他那无国界的表达的紧迫感，不受任何领域支配。对伊夫·克莱因来说，这个世界不存在问题（不管是现实的，还是形而上的），只存在回应……伴随着他那永恒存在的新维度，他的传奇只会有增无减。[1]

艺术评论家米歇尔·拉贡（Michel Ragon）在衡量这位艺术家所做的贡献时，给出了非常贴切的评价：

> （克莱因）最初因发明单色画而吸引了很多关注，这样的

---

[1] 皮埃尔·雷斯塔尼（Pierre Restany），"伊夫·克莱因（1928—1962）"，《Cimaise》IX/60（1962 年 7 月—1962 年 8 月），第 84 页。

作品整个画面就只有一种统一的蓝色。这是一种恶作剧吗？起初，我们认为是的。当他的第一次展览无人问津时，对于他的作品的鄙夷似乎达到了顶点……但在最近这几年，我们注意到，虽然克莱因确实有哗众取宠的能力，但是他绝不是一个一无所长的人……到最后，他通过各种发明所建构出来的艺术作品世界，远比人们想象中要严肃的多……[1]

法国《世界报》刊登的讣告虽然认同克莱因是"巴黎先锋派画家中最能折腾，最有代表性的画家"，但对于他能否在艺术史上长久存在持怀疑态度："我们并不能确定他会被艺术词典所保留，但是他对冒险的偏爱，以及他那对绝对的矛盾的追求，都将铭刻在他的作品世界中。"[2] 相比之下，美国媒体关于此事的报道则简单的多："一位用'克莱因蓝'以及以裸体女性为画笔作画的法国画家，因心脏病在法国逝世。"[3] 一年后，美国画家兼艺术评论家唐纳德·贾德（Donald Judd）用强烈且狭隘的民族主义情绪，无情地抨击了克莱因："作为一只青蛙，他虽然最大，但也不过是井底最大的那个。克莱因根本无法同优秀的美国青年艺

---

[1] 米歇尔·拉贡（Michel Ragon），"伊夫·克莱因死了"，载于《艺术》（巴黎），873（1962年6月13日—19日），第11页。
[2] 米歇尔·康尼尔-拉科斯特（Michel Conil-Lacoste），"伊夫·克莱因"，《世界》，1962年6月9日，第17页。
[3] 《艺术新闻》，lxi/4（1962年夏季），第9页。

术家相比，他是二流的。"[1]

1967年，位于纽约的犹太美术馆策划了一个克莱因专题展。在那个时候，克莱因早已不再对当地的先锋派艺术家造成任何威胁。不过，此时对于克莱因的评价仍然非常夸张地在高度推崇与极端厌恶的两个极端之间摇摆。在展览的导言中，策展人基纳斯顿·麦克希恩（Kynaston McShine）将克莱因的人生描述为一种"象征性的诗性行为"。他认为，在理性主义盛行的年代，克莱因作为一个"浪漫派"和"梦幻型"艺术家，"提醒了我们：艺术不一定非要'理性'，它也可以是炼金术的和神秘主义的"[2]。正如人们所预期的那样，皮埃尔·雷斯塔尼通过将克莱因称为"最近的欧洲先知"，对麦克希恩的溢美之词做了自己的补充。并且，他还评论道，克莱因那"救世主般的影响力主导了当下整个艺术追求的进程"。在雷斯塔尼看来，克莱因"不是为画而画，而是借此揭示真理，一种他坚信自己已经掌握了这个秘密的艺术新语言"[3]。作家兼记者皮埃尔·德卡尔格（Pierre Descargues）进一步将克莱因的地位拔高到先贤的高度，在他的辩护词中，克莱因的"画作是

---

[1] 唐纳德·贾德（Donald Judd），"纽约展览：在美术馆中"，《艺术杂志》，xxxvii/4（1963年1月），第48—49页。
[2] 基纳斯顿·麦克希恩（Kynaston McShine），"伊夫·克莱因"，《伊夫·克莱因》，展览目录，犹太人美术馆，纽约（1967年），第7页。
[3] 皮埃尔·雷斯塔尼（Pierre Restany），"伊夫·克莱因：欧洲最新的先知"，《伊夫·克莱因》，展览目录，犹太人美术馆，纽约（1967年），第11页。

通向知识的钥匙"[1]。相反,美国媒体不仅拒绝接受将克莱因视为超人和神圣化身的观点,还对这些评论进行了回击。尽管在犹太美术馆的展览让克莱因获得了"艺术家所应有的崇拜",但类似于"'先知'或'救世主'这样的词汇还是让人迷惑,就好像克莱因已经拯救了艺术一样"[2]。在对克莱因的批评最为严厉的评论家约翰·卡纳迪(John Canaday)看来:"这一切只不过是对谬论的无限夸大。"

> 只有高度近视者,故意自欺者,深度犬儒主义者,因循守旧的先锋派慢性病患者,才可以将这次展览中的克莱因理解为是一种超越娱乐艺人和创意工作者的存在……克莱因是最好的娱乐艺人之一,也是在商业领域最富有创意的人之一,但除此之外,他什么都不是。[3]

卡纳迪的"匕首"并未就此收手,他还进一步将克莱因贬低为"真正伟大的杂耍演员"[4]。不过,1967 年的所有这些振聋发聩的评论都表明,在当时,人们并没有对克莱因的矛盾人格进行批判性分析。他要么在艺术史和博物馆

---

[1] 皮埃尔·德卡尔格(Pierre Descargues),"伊夫·克莱因",《伊夫·克莱因》,展览目录,犹太人美术馆,纽约(1967 年),第 26 页。
[2] "克莱因回顾展",《朝阳》,1967 年 2 月 12 日;约翰·卡纳迪"我得到了伊夫·克莱因蓝",《纽约时报》,1967 年 2 月 5 日。
[3] 同上。
[4] 同上。

叙事中，被一种难以置信的英雄叙述模式神化，要么被极具的恶意迅速贬低为一种无关紧要的娱乐形式。

1982年是克莱因在艺术接受史上的一个关键时期。在多米尼克·德·梅尼尔（Dominique de Menil）的赞助下，一系列关于克莱因的巡回展出得以实现。从位于得克萨斯州首府休斯顿的莱斯大学艺术学院开始，再到纽约的古根海姆美术馆、巴黎的蓬皮杜中心。这次巡回展出在二十世纪八十年代早期的艺术界产生了很大影响。正如《纽约时报》所言，"克莱因的艺术实践，预示了二十世纪六十年代和七十年代的多种艺术表现形式，包括极简主义、概念主义、环境主义、身体美学以及波普艺术"[1]。不过，类似的称赞一次又一次地被克莱因的多重美学人格给人造成的误解所不断消减。对于大多数批评家来说，克莱因的这些身份，同他的艺术追求，以及先锋艺术家在公共场合所应有的表现是格格不入的。在二十世纪八十年代，这种拒绝将克莱因多重人格视为美学发明的不当分析非常常见。引用《纽约时报》文化版记者的话来说，克莱因是"一个不折不扣地将自己视为神话的人，他把自己视为超人……（他是）一个自吹自擂者，一个狂妄自大的迷信者。他的才能（尽管是次要的）在于，他的生活与创作常常能成为评论家胡

---

[1] 格蕾丝·格吕克（Grace Glueck），《艺术：古根海姆的伊夫·克莱因展》，《纽约时报》，1982年11月19日。

说八道的灵感"[1]。《乡村之声》(*Village Voice*) 将克莱因比作法国的约瑟夫·博伊斯 (Joseph Beuys)，因为他善于"通过对艺术品、传记和精心培育的个人神话进行富有争议的融合包装，从而制造轰动，扩大影响力"[2]。

如果这种小聪明是这位艺术家受到欢迎的原因的话，那么，我们该如何理解那种不满足于克莱因美学人格的学术探索呢？艺术史学家本雅明·D. 布赫洛 (Benjamin H. D. Buchloh) 是关于克莱因的最主要的评论家之一，他为战后欧洲艺术史的研究做出了巨大贡献。布赫洛在他的奠基性文章《二度原色：新先锋派的范式重复》(1986年) 中，考察了以战后欧洲为背景的作为先锋派视觉范式的单色的再现。他声称，克莱因所巧妙使用的"艺术"和"奇观"之间的联系，是二战前和二战后对待单色的不同处理方法的决定性差异之一。如果俄国先锋派成员，比如其代表人物卡西米尔·马列维奇 (Kasimir Malevich) 和亚历山大·罗德琴科 (Aleksandr Rodchenko)，所专注的是单色的生产环节，克莱因则将注意力转向单色的"接受环节，即观众的感受和需求，他要求作品表现出文化合法性，以观众需求同文化合法性之间的制度为中介"[3]。布赫洛很难理

---

[1] 格蕾丝·格吕克 (Grace Glueck)，《艺术：古根海姆的伊夫·克莱因展》，《纽约时报》，1982年11月19日。
[2] 萝贝塔·史密斯 (Roberta Smith)，《部分和总和》，《乡村之声》，1982年12月7日。
[3] 本雅明·D. 布赫洛 (Benjamin H. D. Buchloh)，"二度原色：新先锋派的范式重复"，10月，37 (1986年夏)，第48页。

解"克莱因的绘画作品和他希望产生的知觉体验之间的几乎精神分裂"[1] 的情况。他辩称,这种"分裂"具有重大意义:现代主义的整体完整性被克莱因对感官体验的渲染所贬值,"进入了专门为特权受众生产奢华恋物感的专业领域"。简而言之,克莱因不再沿袭先锋派的路线,不再为消除"资产阶级认知的思考方式"而努力[2],而是将观众作为一种市场化的美学商品。

布赫洛的诠释为未来二十年重要的艺术展览和学术研究奠定了关键基础。此后,无论赞同与否,关于克莱因作品的主要回顾展都在努力抓住克莱因的人格同他的作品之间的联系。比如,1994 年在伦敦的海沃德画廊(Hayward Gallery),2004 年在法兰克福的锡恩美术馆(Schirn Kunsthalle),2006 年在巴黎的蓬皮杜中心(Centre Georges Pompidou),2010 年在华盛顿的赫希霍恩博物馆及雕塑花园(Hirshhorn Museum and Sculpture Garden)。在他们试图雄心勃勃地将克莱因介绍给新观众,以及强调克莱因同战后和现代艺术的关联中,这些展出取得了事半功倍的效果:他们在继续神化这位艺术家的同时,也哺育了原创研究。《纽约时报》的萝贝塔·史密斯(Roberta Smith)敏锐地抓住了将克莱因偶像化的最新事例:

---

[1] 本雅明·D. 布赫洛(Benjamin H. D. Buchloh),"二度原色:新先锋派的范式重复",10月,37(1986年夏),第49页。
[2] 同上,第50页。

> 时至今日，对法国艺术家伊夫·克莱因的英雄崇拜理应成为一种过去……克莱因是个复杂的造物，他惯于夸张，擅长自我神化，被极度的自恋和充满矛盾的内心所引导。他的风格很棒，这赋予他在演艺界的魅力……在我们所生活的时代里，拒绝艺术对象的艺术家往往会选择迷恋自我。而这正是在克莱因身上所发生的。[1]

这些关于克莱因的展览都会制作一些导览手册，在这些手册中，相关学者们的研究也都被展示给了观众。通过这些学者的研究，我们对克莱因所产生的全球影响的理解更加开阔和深化了。[2]

这本带着批判眼光所著的传记，为诠释克莱因的"艺术"与"生活"之关联提供了一个新的视角，从而丰富了对他的理解。本书所试图展现的克莱因那作为悖论式美学发明的不断变化的身份，不仅是通过对于景观文化的吸收来回避现代主义的艺术自律，反过来理解同样是可行的。克莱因的全部实践，即他的"艺术"和"生活"，都是基于对静止状态的不断颠覆来实现的。在传统的观念看来，绘画作品是被一个永恒他者所注视的不变的对象。但是克莱

---

[1] 萝贝塔·史密斯（Roberta Smith），"以明亮的蓝色画稀薄的空气"，《纽约时报》，2010年6月3日，第c24页。
[2] 《伊夫·克莱因》，展览目录，锡恩美术馆，法兰克福（2005年）；《伊夫·克莱因：身体，肤色，无形》，展览目录，蓬皮杜艺术中心，巴黎（2006年）；《伊夫·克莱因：拥有无与伦比的力量》，展览目录，华盛顿特区的赫希霍恩博物馆及雕塑花园和明尼阿波利斯的沃克艺术中心（2010年）。

因的创作消解了这一信念,他将绘画植入一个更广泛的文化领域,并将它们同图像、动作和文字的片段性、表演性和暂时性交织在一起。以同样的方式,克莱因无法接受一个不能改变的身份。他为自己构想了不同的美学角色,它们只会在艺术家或观众谈论、践行它们的那一刻才"出现"。极度依赖于语境的言语和行动的可变性,意味着他的角色是变化的和不确定的。这一策略对公众和权威人士或者任何试图在克莱因的艺术和生活中寻找单一明确意义的行为都构成了挑战。

在当代文化中,克莱因还使得我们预设艺术身份的方式变得复杂。先于他的许多同行,克莱因把握到了艺术和生活都是由符号和图像的流动所组成。这意味着不管是生活的统一连贯,还是现代主义的艺术自律,都无法保持持续不变。在他变化多端的人格中,克莱因将自己人生的叙事和历史转变为一项美学计划。他的传记就像是一个符号系统,意味着它的每个部分都可以重新排列和组合,以根据迭代层级和接收时刻来传达不同的"信息"。他对符号的处理与罗兰·巴特对图像信息的定义有某种异曲同工之妙,即封闭("无编码")的矛盾的视觉信息向世界开放("有编码")。[1] 无数当代艺术家都在追随克莱因的步伐,以自我和艺术之间的不确定性和破坏性滋养自己的艺术实践:

---

[1] 罗兰·巴特(Roland Barthes),"摄影的讯息",《巴特的读者》,苏珊·桑塔格(Susan Sontag)编,(纽约,1982年),第198页。

吉尔伯特和乔治（Gilbert and George）、翠西·艾敏（Tracy Emin）、杰夫·昆斯（Jeff Koons）和瑞安·特雷卡丁（Ryan Trecartin）……限于篇幅，此处仅举几例。保守主义的那种认为艺术家应该真诚、一致和连贯的期待，被当代的艺术实践者所破坏。这些艺术实践者主动追求成为一个骗子、恶作剧者、江湖术士。传统艺术观念的常用语义，在这里不得不发生转移。

通过将自己的生活和艺术转化为如此之多的可供使用的图像，克莱因强烈地挑战了"现实"和"再现"理应作为两个分离领域的权威认知。虽然他坚信自己能够掌控自己的形象，即作为一种影像，但在戛纳电影节上他与被奇观化之后的自己的终极相遇，揭示了这样做的不可能性。将自己的人生"翻译"成影像的克莱因，在这样一种不可思议的抽象中受到了痛苦的折磨，并随之自我异化。克莱因那想要实现自我存在的信念同其对图像开放性的赞颂之间的结合，既是战后对于世界完整性的渴望的症候，也是其不可能性的症候。他摇摇欲坠地陷入二十世纪五十年代末和六十年代初共存的两个时刻：现代主义和后现代主义。由于这种丰富的可能性始终同对身份概念的碎片理解相联结，克莱因在死后也仍然对后世持续产生着深远影响。

著译者

作者 | 努特·巴奈 Nuit Banai

一位艺术历史学家、评论家和馆长,在维也纳大学艺术史系任教。她于2006年至2007年间,在蓬皮杜中心担任展览撰稿人,也是ArtForum国际杂志的定期撰稿人。

译者 | 张雨轩

文艺学博士,曼城球迷,蓝月拥趸。2018年至2021年于中央美术学院主讲课程《外国文学》《黑格尔的艺术哲学》。

图书在版编目（CIP）数据

伊夫·克莱因/(英) 努特·巴奈著；张雨轩译.
-- 上海：上海文艺出版社，2023
（知人系列）
ISBN 978-7-5321-8391-3

Ⅰ.①伊… Ⅱ.①努… ②张… Ⅲ.①克莱因(Klein, Yves 1928-1962) — 传记
Ⅳ.①K835.655.72

中国版本图书馆CIP数据核字(2022)第175627号

Yves Klein by Nuit Banai was first published by Reaktion Books,
London, UK, 2014, in the Critical Lives Series.

Copyright © Nuit Banai, 2014

著作权合同登记图字：09-2020-063号

发 行 人：	毕 胜
责任编辑：	陈 蔡
封面设计：	朱云雁
书 名：	伊夫·克莱因
作 者：	[英]努特·巴奈
译 者：	张雨轩
出 版：	上海世纪出版集团 上海文艺出版社
地 址：	上海市闵行区号景路159弄A座2楼 201101
发 行：	上海文艺出版社发行中心
	上海市闵行区号景路159弄A座2楼206室 201101 www.ewen.co
印 刷：	浙江中恒世纪印务有限公司
开 本：	787×1092 1/32
印 张：	8.125
插 页：	3
字 数：	112,000
印 次：	2023年3月第1版 2023年3月第1次印刷
ISBN：	978-7-5321-8391-3/K.455
定 价：	48.00元
告 读 者：	如发现本书有质量问题请与印刷厂质量科联系　T：0571-88855633

I 知人
Icons

知人系列

爱伦·坡：有一种发烧叫活着
塞林格：艺术家逃跑了
梵高：一种力量在沸腾
卢西安·弗洛伊德：眼睛张大点
阿尔弗雷德·希区柯克：他知道得太多了
大卫·林奇：他来自异世界
汉娜·阿伦特：活在黑暗时代

弗吉尼亚·伍尔夫
伊夫·克莱因
伦纳德·伯恩斯坦
兰波
塞缪尔·贝克特
约瑟夫·博伊斯
贝托尔特·布莱希特
德里克·贾曼
康斯坦丁·布朗库西

（即将推出）

可可·香奈儿

谢尔盖·爱森斯坦

三岛由纪夫

乔治亚·欧姬芙

马拉美

索伦·克尔凯郭尔

巴勃罗·聂鲁达

赫尔曼·麦尔维尔

伊戈尔·斯特拉文斯基

托马斯·曼

维克多·雨果